디자인 캔들 수업
캔들북

이소영 지음

디자인 캔들 수업
캔들북

제1판 1쇄 인쇄 | 2015년 11월 10일
제1판 1쇄 발행 | 2015년 11월 20일

지 은 이 | 이소영
펴 낸 이 | 박성우
펴 낸 곳 | 청출판
주　　소 | 경기도 파주시 안개초길 18-12 1F
전　　화 | 070)7783-5685
팩　　스 | 031)945-7163
전자우편 | sixninenine@daum.net
등　　록 | 제406-2012-000043호

ⓒ 2015 이소영
이 책은 청출판이 저작권자와의 계약에 따라 발행한 것으로
본사의 허락 없이는 이 책의 일부 또는 전체를 이용하실 수 없습니다.

ISBN | 978-89-92119-55-9　13630

※파본이나 잘못된 책은 바꿔 드립니다.

디자인 캔들 수업
캔들북

CONTENTS

I. 프롤로그 06
II. 도구 10
III. 재료 12
IV. 천연 왁스 14
V. 인공 왁스 16
VI. 캔들 마니아 17
VII. 캔들 기본 18
VIII. 캔들 만들기 20

VIII-I. 컨테이너 캔들 Container Candles
트레블 캔들 25 / 웨딩 캔들 32
올블랙 티라이트 캔들 41 / 캠벨스프 업사이클링 캔들 48
사각 컨테이너 캔들 56

VIII-II. 필라 캔들 Pillar Candles
다크 필라 캔들 67 / 글리터링 캔들 74
레이어드 캔들 83 / 허브 캔들 90

VIII-III. 디자인 캔들 Design Candles
초콜릿 캔들 101 / 홈메이드 과일잼 캔들 108
대각선 캔들 117 / 시나몬 캔들 124 / 스톤 캔들 133

VIII-IV. 왁스 작업 & 다른 작업들 Wax Works & Others
왁스 모빌 142 / 어텀 왁스 타블렛 150 / 마카롱 오너먼트 159
석고 방향제 166 / 클래식 아로마 디퓨저 175 / 파우더리 룸 스프레이 183

I.

프롤로그

저의 캔들은 이렇게 시작합니다
캔들은 저에게 그저 불을 밝히는 용도였어요

저는 교육 사업을 하던 친척 덕분에 학교 졸업 후 선생님이라는 타이틀을 가지고 사회 생활을 시작했어요. 이후로 몇 년을 그렇게 한곳에 머물러 있었어요. 미술/음악 학원이었기에 그때부터 아주 단순한 만들기와 가내 수공업 같은 오리기와 붙이기를 시작했어요. 몇 년을 하다 보니 그 일이 지겨워졌어요.

사실 어렸을 적부터 영어에 관심이 많았지만 그저 '관심' 뿐이었어요. 학원 일이 지겨워지니 영어에 대한 저의 관심을 실현화시키고 싶은 욕구가 불끈하더라고요. 그래서 그동안 모아놓은 돈을 모두 모아 불시에 영국으로 떠났답니다. 지금 생각해봐도 아주 잘한 일이었어요. 많은 것을 얻고 배워서 한국으로 돌아와 영어 학원에서 강사 활동을 했어요. 즐거웠어요. 근데 초등학교 아이들의 사교육 현실이 저를 좀 불편하게 만들었어요. 당시 영어 학원이 있었던 건물 같은 층에는 수학 학원을 비롯하여 여러 필수 과목 학원들이 즐비하고 있었는데 제가 가르치던 학생들 대부분이 방과 후 그 학원들을 연달아서 다니고 있었죠. 학교 교육에서부터 밤 10시 학원 교육까지. 하루는 한 아이가 수학 학원에서 진도를 따라가지 못하자 그 짧은 10분의 휴식 시간에도 숫자와 씨름을 하고 제가 근무하는 영어 학원에 와야 했죠. 영어 학원에 늦을까봐 책가방도 대충 메고 옷은 한쪽이 벗겨진 채로 헐레벌떡 들어오는 그 아이의 모습이 아직도 눈에 선해요. 어쨌건 영어는 또 다른 과목이니 저는 또 그 아이의 머릿속에 다른 지식을 '주입' 시킬 수밖에 없었죠. 그때 이후로 마음이 좀 그랬어요. '꼭 다치고 아파야 아이가 힘든 건가' 라는 생각이 많이 들었어요. 부모들은 눈에 보이는 상처만 치유해주려고 하는 거 같아요. 남들도 하니 우리 아이도 라고 생각하며…. 게다가 저 같은 강사와 심지어 원장님에게까지 무례하게 하는 학부모들은 얼마 되지 않았던 저의 영어 강사 경력에 종지부를 찍게 만들었어요. 그렇게 저는 공부를 하면서 오랜 시간 일을 쉬게 되었어요. 다시 취업을 하려니 학원 생활 시절로는 돌아가고 싶지 않았어요. 많은 갈등과 고민이 있었고, 행복한 일을 하고 싶었어요. 하루의 반나절 이상을 일터에 있는데 억지로 하는 일은 싫었죠.

캔들에 관심을 가지게 된 것이 이때부터였고, 캔들에 대한 뚜렷한 계획이나 목표가 있었던 것은 아니었어요. 캔들을 신나게 배웠고, 집에서 혼자 만들어 보는데 너무나 재밌는 거예요. 재미 이상으로 보람도 있었어요. 만들어 선물하기도 하고, 태우고 있는 캔들을 보면서 '또 만들 수 있겠네' 하며, 결과물이 어떻든 캔들 만드는 그 작업 자체가 즐거웠죠. 만드는 일을 거듭할수록 완성도 높은 결과물이 나왔고 이제는 단순히 만드는 작업이 아니라 디자인하는 작업까지 신경 쓰게 되었어요. 너무나 재미가 있어 거짓말 않고 눈뜨자마자 시작해서 새벽까지 했어요. 저에게 캔들은 더 이상 불을 밝히는 기능만 하는 것이 아니라 근사한 아웃라인을 뽐내며, 컬러와 향으로 치장된 근사한 예술품이 되어 있었어요.

이제 캔들은 많은 분들과 함께 소통하고 공감하는 매개체입니다

제가 만든 캔들을 소소하게 블로그에 소개하니 많은 사람들이 관심을 보여 주었어요. 저의 캔들을 구매하길 원하고 배우기를 원하는 분들이 하나둘씩 늘어났어요. 어느새 저는 캔들로 판매와 강좌라는 상업 활동까지 하게 되었죠. 오랜 기간 강사 활동을 한 경력이 있기에 역시나 강의를 하는 것이 더 좋았어요. 어느 때는 덜컥 겁이 나기도 했어요. 그래서 더 전문성을 갖추어야 된다고 생각했어요. 캔들의 질에 대해 관심을 가졌고 완성도가 떨어지는 캔들을 수없이 연구했죠. 왁스뿐만 아니라 캔들 공예에 대해 좀 더 많은 데이터가 필요했고, 정보가 턱없이 부족했기에 저의 경험치로 충당할 수밖에 없었어요. 정말 많이 만들고 또 만들어 보면서 그만큼의 정보가 쌓이게 되었어요.
솔직히 말하면 캔들 클래스를 처음 시작했을 때 제 강의에 대한 수강생의 만족도가 어느 정도였는지 모르겠어요. 지금의 저였으면 하는 생각에 조금은 아쉽기도 해요. 그리고 시간이 지난 지금은 재밌게 만드는 캔들보다는 '투자한 만큼 가치 있는 캔들'을 만드는 것에 더 포커스를 두고 있는 것 같아 힘이 들 때도 있었어요. 하루 긴시간 캔들 강의를 하면서 실수하지 않으려고 신경을 곤두세우고 있으면 예전의 예술품을 만들려고 고뇌하던 나의 순수한 시절은 어디로 갔나 하고 그리워하기도 하지만 현재 많은 수강생 분들이 박수를 보내주는 이 시간 또한 참 행복합니다. 어떤 직업이든 보람이 있어야 그 일을 하는데 있어 자아실현이 극대화된다고 생각해요. 지난 시절 오랜 기간 아이들을 가르치면서 영어를 배우는 아이들의 표정에서 행복 지수가 얼마나 될까 생각하면 보람 있는 직업이었다고 생각되지 않아요.
하지만 캔들을 가르치고 있는 지금은 너무나 달라요. 저처럼 지난 직업에 대한 회의감으로 찾아온 수강생의 표정에서 또 다른 희망을 보기도 했고, 육아와 가사에 지친 수강생의 표정에서 안식과 힐링을 보면서 어찌 보람되지 않을 수 있겠어요. 그분들 삶 곳곳에 저와 함께 만든 캔들이 존재할 것이고 나아가 저와 같은 생각을 하는 날이 오지 않을까 싶어요.
비록 저와 직접적으로 인연이 된 분들이 아니더라도 캔들의 마력과도 같은 매력을 공유하고 싶어 저의 속 깊은 이야기와 레시피 그리고 감성 가득한 캔들을 소개합니다.

캔들은 Candles 정말 매직 Miracle 같아요

캔들은
당신의 마음을 조정해요.
당신 마음에 성난 파도가 휘몰아치는 순간에 잠시 캔들 불빛을 바라보아요.
곧 그 일렁이던 파도는 잔잔한 물결이 되지요.
당신의 말괄량이 강아지도 캔들 불빛 앞에서는 고개를 갸우뚱거리며 한동안 멈칫해요.

자신 없다고 생각했던 당신의 외모는 캔들로 인해 매력녀가 되고
동시에 당신의 말투에는 자신감이 실려요.
듣고 싶은 고백도 캔들은 좀 더 빨리 듣게 해주죠.
어두운 공간의 캔들 불빛은 그로 하여금 당신에게 더 집중하게 해요.

캔들은 사람을 연결해주는 연결 고리예요.
평소에 대화가 되지 않는다고 느꼈던 사람과도 캔들 앞에서는
나지막이 이야기를 속삭이게 되고
차분히 당신의 말에 귀기울이게 되죠.
추운 날에는 캔들의 따뜻한 온기를 함께 나누려 서로 더 가까이 다가가게 돼요.

캔들이 켜 있는 공간에서는 당신도 감성적인 포토그래퍼가 돼요.

당신은
때로는 숲속에 있기도 하고
잔잔한 호숫가에 머물기도 하며
꽃다발을 한아름 안고 있기도 하죠.

캔들을 만들고 불을 붙이고 나서야
캔들이 얼마나 매력적인지 알게 될 겁니다.
오랜 전통의 스페인 캔들 브랜드 '세라스 로우라'의 4대 CEO의 말을 인용하면

"캔들은 아주 작은 것이지만 어울리는 곳에 두면 그 공간을 바꾸는 강한 힘이 있다."

이 말을 100% 공감하게 될 것입니다.

II.

두고두고 오래 쓰는 도구

1. 핫플레이트 Hot Plate

왁스를 녹이기 위해 필요한 도구예요. 열을 발산하는 도구들은 많지만 핫플레이트가 가장 적합해요. 가스레인지는 직화로 녹이는 것이기에 소이 왁스 같이 융점이 낮은 왁스는 반드시 중탕을 해야 해요. 중탕은 시간이 오래 걸리고 왁스가 담긴 비커에 물이 들어갈 우려가 있어 불편할 수 있겠죠. 핫플레이트는 1구와 2구로 구분되는데 전문적인 캔들 강의를 하는 것이 아니라면 1구 핫플레이트를 사용하면 돼요. 만약 2구 핫플레이트가 필요하다면 캔들 재료상에는 판매하지 않고 시중에서 구매할 수 있어요.

2. 스테인리스 비커

왁스를 녹일 때 왁스를 담는 통이에요. 자루가 달린 비커는 냄비와 비슷하게 생겼는데 안쪽에 부피를 잴 수 있는 눈금이 표시되어 있어요. 냄비를 사용하는 경우가 있는데 자루가 달린 캔들 전용 비커는 가격도 매우 저렴하니 구매하여 사용하면 좋을 거 같아요. 자루가 달린 비커와 바스켓 모양의 스테인리스 비커 두 종류가 일반적이에요. 자루 비커는 5가지 종류가 있지만 가장 큰 용량이 1,700ml 정도로 많은 양의 캔들을 만들 때는 적합하지 않아요. 바스켓 형태의 비커는 자루 비커보다 비싸지만 내구성이 좋고 1L부터 5L까지 용도에 따라 다양하게 선택할 수 있어요.

3. 온도계

온도계는 필수적인 도구예요. 모든 왁스는 온도에 의해 완성도에서 큰 차이를 보이기 때문이에요. 디지털 온도계, 유리 온도계(수은, 알코올 온도계), 만년필 온도계 등이 있어요. 디지털 온도계는 열이 있는 근처에 갖다 대면 부저음과 함께 온도가 기록되어 빠르고 정확하게 온도 측정이 가능해요. 또한 왁스에 직접 담그지 않기 때문에 세척할 필요가 없어요. 단점은 가격이 고가랍니다. 만년필 온도계는 캔들에 입문하는 분들이 가장 많이 사용하지만 저는 추천하지 않아요. 이 온도계는 온도계의 절반 이상이 왁스에 잠겨야 정확한 온도가 측정되기 때문에 초보자들이 온도를 재기에는 다소 어려움이 있기 때문이에요. 유리 온도계는 측정되는 온도가 정확해요. 기다란 막대 모양으로 생겼지만 앞부분만 닿아도 온도 측정이 가능해요. 단 온도가 높은 곳에 담그면 터질 위험이 있으니 그런 상황이 의심되면 어느 정도 열을 식힌 후 온도를 측정하세요.

4. 저울

재료들을 정확하게 계량하기 위한 도구예요. 보통 1g부터 3kg와 5kg까지 계량 가능한 저울을 사용하는데 어떤 것을 사용해도 불편함은 없을 거예요. 다만 저울은 평평한 곳에서 사용한다는 기본적인 사항만 알고 있으면 돼요.

5. 몰드

필라 캔들을 만들 때 필수적으로 사용되는 도구예요. 액화된 왁스를 몰드에 부어 굳힌 후 탈형하여 완성하게 돼요. 몰드의 모양이 워낙 다양하기 때문에 캔들 도구 중에 가장 욕심이 나는 도구이기도 해요. 플라스틱으로 만든 몰드, 금속 재질로 된 몰드, 여러 가지 모양을 재현한 실리콘 몰드가 있어요. 금속 몰드는 열전도율이 높아 상대적으로 높은 온도에서 작업하는 필라용 왁스를 사용할 때는 몰드 표면이 매우 뜨거워질 수 있으니 특히 조심하는 것이 좋아요.

6. 심지 홀더

심지를 컨테이너에 고정하는 도구로 캔들 전용 심지 홀더가 있지만 나무젓가락을 집게처럼 고정해서 사용할 수 있어 심지 홀더를 대체하여 사용 가능해요.

7. 계량 스푼 (ml로 표기)

오일을 계량할 때 사용해요. 왁스의 무게대비 오일을 첨가하는데 원칙적으로 본다면 왁스의 무게를 그램수로 계량한다면 오일의 무게 또한 그램수로 계량함이 맞지만 계량 스푼의 편의성 때문에 저는 주로 계량 스푼을 이용하고 있어요. 오일의 양은 권장하는 범위 내에서 첨가하면 되므로 아주 정확하게 측정하지 않아도 무리 없이 완성도 높은 캔들을 만들 수 있어요.

8. 힛건 Heat Gun

캔들의 완성도를 높이기 위해서 필요한 도구예요. 캔들 전용은 아니고 공업용 열풍기라고 불리고 있어요. 힛건은 400도 이상의 열을 발산하기 때문에 매우 조심할 필요성이 있어요. 필수적인 도구는 아니지만 캔들 제작에 욕심이 나는 분들은 용이하게 활용할 수 있어요.

TIP

왁스를 녹일 때 필요한 기본적인 도구
핫플레이트, 스테인리스 비커, 온도계, 저울

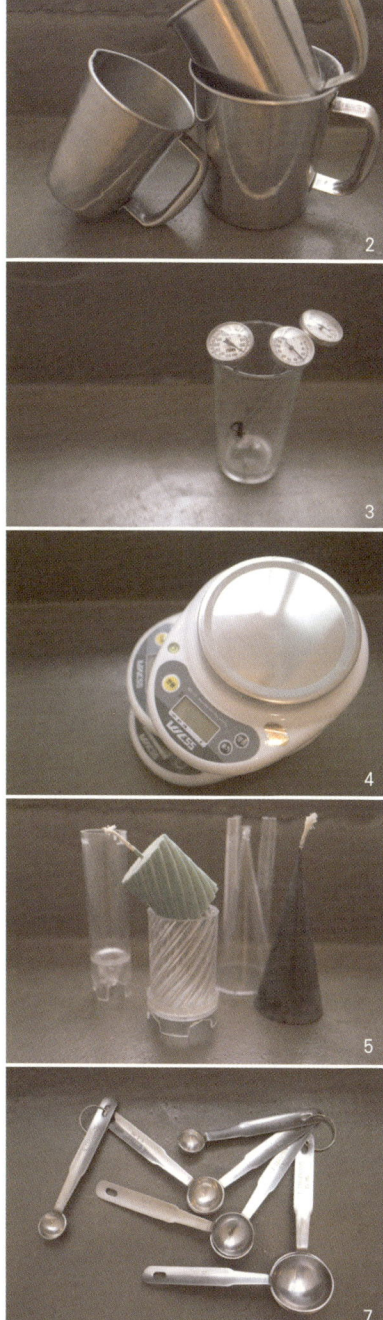

Ⅲ.

소모성이 있는 재료

1. 왁스 Wax

왁스는 캔들을 구성하는 주재료예요. 자연에서 얻는 천연 왁스와 인위적으로 만들어지는 인공 왁스 두 종류가 있어요. 각 왁스의 융점에 따라 그 종류가 세분화되어 있답니다. 대체적으로 융점이 낮은 왁스는 세척이 용이하나 융점이 높은 왁스는 세척이 불가능한 경우도 있어요. 컨테이너 캔들용으로 쓰이는 왁스는 융점이 낮은 왁스이며, 필라 캔들용으로 쓰이는 왁스는 융점이 높은 왁스예요. 대표적인 천연 왁스로는 소이 왁스, 비즈 왁스, 팜 왁스가 있으며, 인공 왁스로는 파라핀 왁스, 젤 왁스 등이 있어요. 왁스마다 작업하는 온도 및 붓는 온도가 다르니 주의하며 작업해야 해요.

2. 심지 Wick

심지는 캔들에 삽입된 등화용 연료예요. 코팅이 되지 않은 면 심지와 코팅된 면 심지, 나무로 만든 우드 심지, 그을음이 적게 나는 스모크리스 또는 에코 심지 등이 있어요. 심지를 선택할 때는 캔들의 길이와는 전혀 상관없이 캔들의 지름에 따라 호수를 결정하게 돼요. 그리고 어떤 왁스를 사용하느냐에 따라서도 심지 선택 기준이 달라져요. 캔들 재료상에 따라 심지 호수와 번호가 모두 다르니 꼼꼼하게 살펴본 후 구매해야 해요. 심지와 함께 사용되는 부속품으로는 심지를 세우게 만드는 심지 탭과 심지를 컨테이너에 붙일 때 사용하는 심지 탭 스티커가 있어요.

3. 염료

염료는 크게 고체 염료와 액체 염료로 나눌 수 있어요. 고체 염료는 블럭 형태로 되어 있어 칼이나 가위로 아주 소량씩 슬라이스 해가며 사용해요. 소량으로도 발색이 가능하기 때문에 처음부터 많은 양을 사용하면 되돌릴 수 없기에 조금씩 넣으며 컬러를 보면서 사용하기를 권장해요. 고체 염료는 아주 연한 파스텔톤부터 비비드한 선명한 컬러까지 조색이 가능하며 컬러 블럭의 색상이 다채로운 것이 장점이지요. 액체 염료는 방울수로 사용하기 때문에 사용이 간편해요. 하지만 색상이 단조로운 경향이 있어요. 두 염료 모두 자외선에 노출되면 색이 쉽게 바래는 현상이 있어요.

4. 향료

향기가 나는 식물에서 얻은 에센셜 오일 Essential Oil과 식물에서는 얻을 수 없는 향이나 여러 가지 향을 섞어 만든 프로그랜스 오일 Fragrance Oil이 있어요.

에센셜 오일 : 향만 가지고 있는 프로그랜스 오일과는 다르게 어떤 식물이느냐에 따라 특성과 효능을 발휘하기 때문에 맞지 않는 사람이 있을 수 있으니 전문가와 상담 후 사용하기를 권장해요. 에센셜 오일은 식물을 고농축으로 농축한 휘발성 오일이기 때문에 향에 많이 노출되지 않은 사람들이 막상 향기를 맡으면 향기롭다는 생각보다는 쓴 약 같은 느낌을 받을 수 있어요. 그래서 오일을 시향할 때는 직접적으로 원액에 코를 대고 맡지 않고, 뚜껑이나 시향지에 향을 떨구어 살살 흔들면서 맡으면 한결 부드러운 향을 맡을 수 있어요. 열에 약한 성질이 있어 가급적이면 낮은 온도에서 향을 블랜딩하는 것이 좋으며 왁스대비 향은 7~10%를 권장해요. 프로그랜스 오일에 비해 발향력이 약하다는 단점이 있어요. 그렇다고 향을 10% 이상 넣으면 심지에 불이 붙기 전에 왁스 표면에 불이 붙을 수 있으니 자제해 주세요.

프로그랜스 오일: 인공 오일은 천연향으로 얻을 수 없는 향이나 너무 고가라 사용하기 힘든 천연 오일을 대신해서 만든 오일이에요. 프로그랜스 오일은 에센셜 오일에 비해 발향력이 좋아 향을 많이 즐기고 싶은 분들에게 추천해요. 열에 민감하지 않기 때문에 높은 온도에서 작업하는 왁스에도 블랜딩이 가능하고, 기호에 따라 5~10% 정도 넣으면 돼요. 가끔 화학적인 냄새나 인위적인 냄새가 심하게 나는 향들도 있으니 반드시 시향을 한 후 구매하기를 권장해요. 또한 같은 이름의 향이라도 제조사에 따라 그 느낌이 많이 다르니 이것 또한 테스트를 하고 구매해야 해요.

5. 이형제

몰드에서 왁스를 탈형할 때 잘 분리되도록 사용하는 재료예요. 스프레이 타입으로 되어 있으며 한 번 뿌리면 여러 번 재사용이 가능해요. 뿌리면 뿌옇게 얇은 실리콘막이 형성되는데 그대로 사용하면 돼요. 실리콘 몰드처럼 자체적으로 신축성이 있는 몰드에는 굳이 뿌리지 않아도 되며, 금속 재질의 몰드에는 왁스가 잘 빠지지 않는 경우가 있으니 사용할 필요가 있어요. 주의할 점은 실내에서 뿌리면 바닥에 함께 분사된 이형제는 제거되지 않으므로 특히 아이가 있는 집에서는 매우 미끄러우니 조심해야 해요. 꼭 실외에서 뿌리도록 하고, 캔들 재료상에서 구입이 가능해요.

IV.

천연 왁스

1. 소이 왁스 Soy Wax

소이 왁스는 콩에서 얻은 오일로 만든 식물성 왁스예요. 대두의 생산량이 많은 미국에서 최초로 개발되어 미국에는 한국과 비교할 수 없는 다양한 종류의 소이 왁스가 판매되고 있어요. 우유처럼 뽀얀 빛깔의 후레이크 타입의 재형을 하고 있어요. 소이 왁스는 물보다 가벼운 성질이 있으며 가장 큰 특징은 융점이 낮다는 거예요. 융점이 낮아 열에 약한 에센셜 오일을 블랜딩해도 향이 휘발되지 않고 잘 보존할 수 있다는 장점이 있어요. 소이 왁스는 크게 두 종류로 나뉘는데 컨테이너용 소이 왁스와 필라용 소이 왁스예요. 컨테이너 소이 왁스는 필라 소이 왁스보다 융점, 경도, 수축률이 더 낮다고 보시면 돼요. 컨테이너용 왁스는 수축이 덜 일어나 컨테이너 표면에 비교적 밀착이 잘되는 성질이 있으며 필라용 왁스는 수축이 잘 일어나 몰드에서의 탈형이 용이합니다. 또한 필라용은 컨테이너 같은 보호할 수 있는 무언가가 없이 혼자 서있어야 하니 당연히 경도도 높아야 되겠죠. 육안으로 보기에는 컨테이너와 필라의 차이를 느낄 수가 없어요. 하지만 두 가지를 동시에 만져보면 컨테이너가 훨씬 무르다는 것을 알 수 있어요. 때문에 한여름에 컨테이너용 소이 왁스를 보관할 때는 직사광선을 피해 반드시 서늘한 곳에 놓아야 해요. 대체적으로 많이 쓰이는 필라용 소이 왁스는 '에코소야' 라는 브랜드이지만 재료상이 점점 늘어남에 따라 현재는 '골든' 브랜드도 수입하고 있어요. 컨테이너용 소이 왁스는 '에코소야 Ecosoya', '골든 Golden', '네이처 Nature' 세 브랜드가 있어요. 세 가지 모두 융점과 붓는 온도 및 장단점이 모두 다르답니다. 만약 컨테이너 소이 캔들을 만든다면 에코소야와 네이처 브랜드는 60도 정도에서 향료를 블랜딩해요. 그리고 50~55도 사이에 부어주면 됩니다. 골든 브랜드 왁스를 사용한다면 70도 정도에서 향료를 블랜딩하고 바로 65도 정도에 컨테이너에 부어 굳혀주세요. 필라 소이 캔들을 만든다면 75~85도 정도에서 오일을 블랜딩하고 70도 이하로 떨어지지 않게 몰드에 부어주세요.

2. 팜 왁스 Palm Wax

팜 왁스는 야자수에서 얻은 오일로 만든 식물성 왁스예요. 가루 세제와 같은 제형을 하고 있으며 팜 왁스 특유의 지방산 냄새를 풍기는 왁스예요. 이 왁스의 가장 큰 특징은 굳으면서 생성되는 눈꽃 결정 무늬이며, 팜 캔들을 처음 만들어 보는 분들이 매우 감탄하는 부분이랍니다. 또한 표면이 굉장히 매끄러워 몰드에서 탈형할 때 쉽게 작업이 가능해요. 65~70도의 융점으로 높은 편이며, 몰드에 붓는 온도는 90~100도 사이로 부어야 선명한 눈꽃 결정을 감상할 수 있어요.

3. 비즈 왁스 Bees Wax

비즈 왁스는 꿀벌들이 만드는 천연 밀납이에요. 비즈 왁스는 세 종류가 있어요. 꿀을 굳혀 놓은 것 같은 노란색에 진한 단향이 나는 비정제 비즈 왁스, 탈취 탈색을 해서 뽀얀 색을 띠며 단향이 감소된 정제 비즈 왁스, 벌집의 모양을 그대로 재현해서 시트 형태로 만든 비즈 왁스 시트가 있어요. 비정제와 정제 왁스는 다른 왁스와 마찬가지로 녹여서 사용하고, 비즈 왁스 시트는 불을 이용하지 않고 둘둘 말아서 기둥 모양을 만들어 사용하거나 쿠키 커터 등을 이용해서 모양을 찍은 후 만들어 사용하는 방식이에요. 비즈 왁스는 경도가 매우 높아 필라 캔들을 만들 때 더 적합하다고 말할 수 있어요. 컨테이너용으로 사용할 때는 왁스가 매우 민감하기 때문에 다루기가 쉽지 않아 초보자들은 적합하지 않을 수도 있답니다. 또한 비즈 왁스는 점도가 매우 높기 때문에 심지를 선택할 때에도 일반 규격 사이즈의 2배가 되는 심지를 선택해야 하는 것도 주의사항이에요.

V.

인공 왁스

1. 젤 왁스 Gel Wax

젤 왁스는 양초 공예 분야의 다양성을 넓혀준 재료예요. 왁스 중에서 유일하게 투명한 느낌을 낼 수 있기 때문이죠. 보통 젤 왁스로는 일상에서 볼 수 있는 것들을 재현해서 만들며 콜라 캔들, 맥주 캔들, 에이드 캔들, 과일잼 캔들, 어항 캔들 등이 있답니다. 젤 왁스 캔들을 만들 때는 주의해야 할 점이 있어요. 연소되는 과정에서 끈적끈적한 점성이 생기므로 심지를 일반적인 사이즈보다 한 치수 더 큰 것으로 사용해야 테두리 끝까지 남김 없이 연소시킬 수 있어요. 젤 왁스의 특징은 기포를 만들 수 있고 투명한 느낌을 줄 수 있어 에이드 캔들이나 콜라 캔들처럼 탄산수 표현이 가능하다는 점이에요. 기포 사이로 비추는 불빛이 예쁘기는 하지만 젤 왁스 자체가 좋은 성분으로 만들어진 것은 아니기 때문에 직접적으로 태우기보다는 캔들 홀더용으로 만들기를 권장해요. 젤 왁스는 녹인 뒤 점도를 봐가며 작업해야 해요. 일반적으로 왁스에 점성이 생기기 전에 부으면 돼요.

2. 파라핀 왁스 Paraffin Wax

캔들을 만드는 가장 대중적인 왁스라고 말할 수 있어요. 파라핀은 석유를 정제하는 과정에서 생기는 부산물로 만들어지며, 캔들용으로 만들어지는 파라핀은 비교적 정제가 많이 된 깨끗한 파라핀이라고 해요. 커다란 판 형식으로 판매하고 있고, 여자들이 절단하기 어려울 정도로 경도가 높아요. 그래서 이러한 점을 보완해서 알갱이 타입으로 된 이지 파라핀이라는 것도 있어요. 파라핀 왁스는 향료를 블랜딩하고 85도 이하로 떨어지지 않게 빠르게 부으면 돼요.

VI.

마니아^{Mania} 답게 캔들 사용하기

캔들 애호가들이 필수적으로 가지고 있는 도구들이 있어요. 그것은 윅 디퍼^{wick dipper}, 윅 트리머 wick trimmer(심지 가위), 롱 라이터입니다.

윅 디퍼는 캔들의 불을 끌 때 사용하는 도구예요. 갈고리 모양의 윅 디퍼를 이용해 불 붙은 심지를 액화된 왁스에 담갔다 다시 빼요. 그럼 입으로 불어 불을 끌 때 생기는 그을음이 발생하지 않고, 자동으로 심지가 왁스로 코팅이 되기 때문에 재연소시 불이 잘 붙는 역할을 한답니다. 윅 트리머는 심지 길이를 정리해주는 도구예요. 물론 그냥 가위로 정리할 수도 있지만 많이 태운 캔들은 심지가 컨테이너 안쪽 깊숙이 자리 잡고 있기 때문에 일반 가위로 자르기에는 불편하죠. 그래서 심지 전용 가위가 필요한 거랍니다. 롱 라이터도 안쪽 깊숙이 있는 심지에 불을 용이하게 붙일 수 있도록 하는 도구입니다.

이러한 도구들은 인터넷으로 검색하면 구하기도 쉽고 비교적 가격도 저렴하기 때문에 캔들을 많이 사용하는 사람이라면 미리 하나씩 구입해두는 센스는 필요하겠죠.

VII.

캔들 기본

컨테이너에 심지 고정하기

1. 심지, 심지탭 스티커, 나무젓가락, 컨테이너를 깨끗이 준비해요.
2. 심지를 심지탭 스티커에 붙여요.
3. 심지를 컨테이너 중앙에 잘 맞춰 붙여주세요.
4. 나무젓가락을 이용해서 심지가 중앙에 오도록 한 번 더 잡아줘요.

TIP

나무젓가락은 심지 홀더 대용입니다.

몰드에 심지 고정하기

1. 심지, 다부치, 나무젓가락(심지 홀더 대용), 몰드, 가위를 깨끗이 준비해요.
2. 심지를 몰드 바닥쪽에 있는 심지 구멍으로 끼워주세요.
3. 위쪽으로 나무젓가락에 심지를 두 번 묶어주세요.
4. 심지가 꼬이지 않도록 잘 잡아당겨서 펴주세요.
5. 다부치를 이용해서 심지를 고정해주기도 하고, 심지 구멍을 막아주세요.
6. 심지 길이를 적당하게 잘라주세요.

TIP

- 나무젓가락은 심지 홀더 대용입니다.
- 3번에서 감는 것이 아니라 꼭 묶어야 합니다.
- 다부치 : 캔들 전용 재료는 아니지만 왁스가 새지 않도록 막아주기도 하고 심지를 고정하는 역할을 해요. 공기중에 그냥 두어도 굳지 않는 성질이 있으며 지점토 같은 느낌이랍니다.

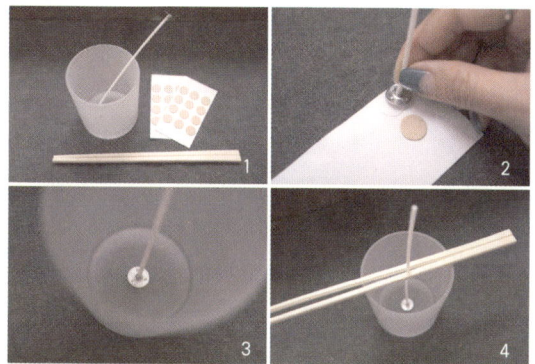
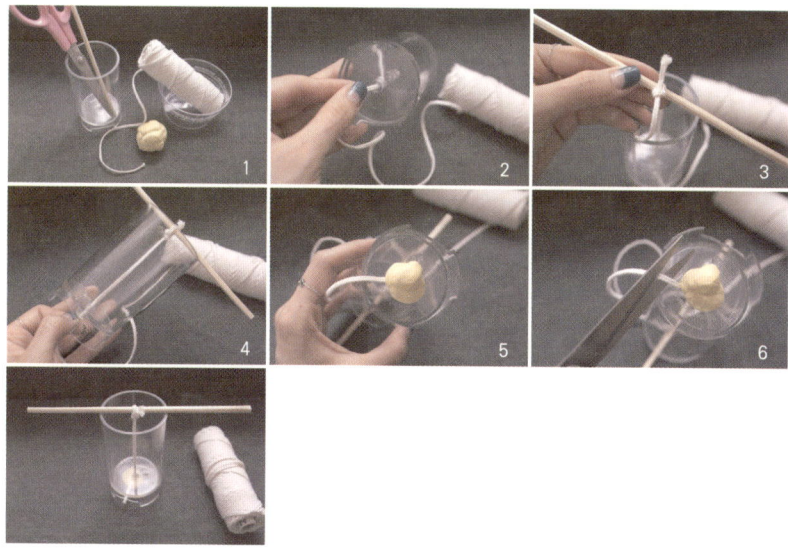

VIII. 캔들 만들기 | how to make candles

컨테이너 캔들 Container Candles

필라 캔들 Pillar Candles

디자인 캔들 Design Candles

왁스 작업 & 다른 작업들 Wax Works & Others

Ⅷ-Ⅰ. 컨테이너 캔들 Container Candles

트레블 캔들

웨딩 캔들

올블랙 티라이트 캔들

캠벨스프 업사이클링 캔들

사각 컨테이너 캔들

Candles & T. R. A. V. E. L

캔들과 함께 하는 여행
이동이 편리한 틴컨테이너 트레블 캔들

2년 전 유럽 여행의 설레는 기분이 아직도 느껴져요….

시간이 아까워 조금이라도 더 봐야 한다며 쉴새 없이 걸어 다녔던 기억이 나요. 그 기억 속에는 그 나라만의 특유의 냄새가 있는데 숙박 시설에서 특히 많이 느낄 수 있어요. 저는 그 냄새가 참 좋아요. 머나먼 나라에 와서 다른 공기를 마시고 있다는 설렘이 온몸을 자극하게 만들거든요. 심지어 온종일 그렇게 돌아다녔는데도 불구하고 잠 대신 밖으로 나가서 외국의 정취를 맘껏 느끼고 싶은 에너지가 솟구친다고 할까요.

그런데 여행은 좋아하지만 이런 이국 타향의 냄새가 낯설어 불편하다면 캔들만큼 빠른 시간내에 공기를 정화시켜줄 수 있는 것도 없죠. 캔들 불빛 아래 여행으로 지친 몸을 달래기에도 좋아요. 틴컨테이너 캔들은 유리나 세라믹 컨테이너에 비해 가벼워 여행용 캔들로 많이 사용되고 있어요. 여행의 특성상 이동할 상황이 많은데 틴컨테이너 캔들은 깨질 우려가 없기 때문이기도 해요. 또 다른 장점은 리드(뚜껑)를 반드시 포함하고 있다는 것이죠. 하지만 틴은 메탈 소재이기 때문에 열전도율이 높아요. 캔들에 불을 붙이면 겉면이 금세 뜨거워지고 온도도 많이 올라간답니다. 혹시라도 캔들을 옮겨야 한다면 즐거운 여행을 위해서 조심해야 겠죠.

How To Make
A Tin Container
Candle for Travel?

어느 곳에 놓아도 인테리어용으로 손색이 없는 메탈릭한 틴 캔들. 손쉽게 빈티지한 감성으로 스타일링 할 수 있는 디자인 팁을 함께 드려요.

You Need

왁스를 녹일 때 필요한
기본적인 도구(p10 TIP 참고)
틴컨테이너 180ml
컨테이너 소이 왁스(에코소야) 140g
면 심지 4호
심지탭 스티커
향료(E.O) 7% 9.8g - 라벤더(Lavender) &
스윗 오렌지(Sweet Orange)
크라프트지
스탬프/잉크패드
양면 테이프

릴렉싱 효과가 있는
라벤더 에센셜 오일로 여행 중
지친 근육을 이완시키고
향을 맡으면 기분이 좋아지는
스윗 오렌지로 블랜딩 했어요.

step 1. 왁스를 계량하여 녹여요.

step 2. 심지탭 스티커를 이용해 심지를 틴컨테이너 중앙에 붙여주세요.
 (p18 캔들 기본 참고)

step 3. 나무젓가락 또는 심지 홀더로 심지를 고정해 주세요.

step 4. 녹은 왁스에 향료를 넣고 충분히 섞어주세요.

step 5. 50~55도에 왁스를 틴컨테이너에 부어주세요. 리드(뚜껑)이 닫히는 깊이를 고려해서 부어주세요.

step 6. 왁스가 완전히 굳으면 심지 길이를 정리해 주세요.

step 7. 크라프트지를 재단하고 중앙에 원하는 스탬프를 찍어주세요.

step 8. 크라프트지를 빈티지한 느낌이 나도록 손으로 구겨주세요.

step 9. 양면 테이프를 이용해 크라프트지를 붙여주세요.

la Mamma
TRATTORIA
Piazza del Mercato Centrale, 32-33r
tel 055 285137
Firenze - Italy
PARIS
PARIS
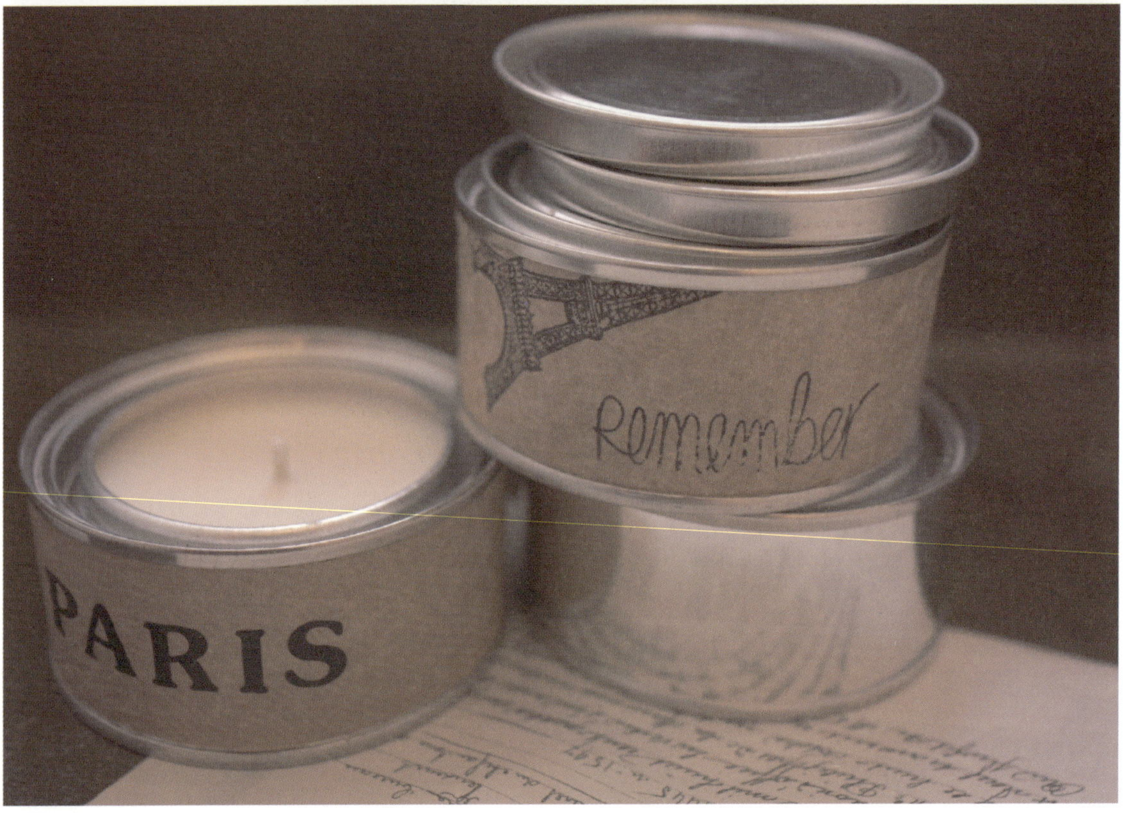
Remember
PARIS

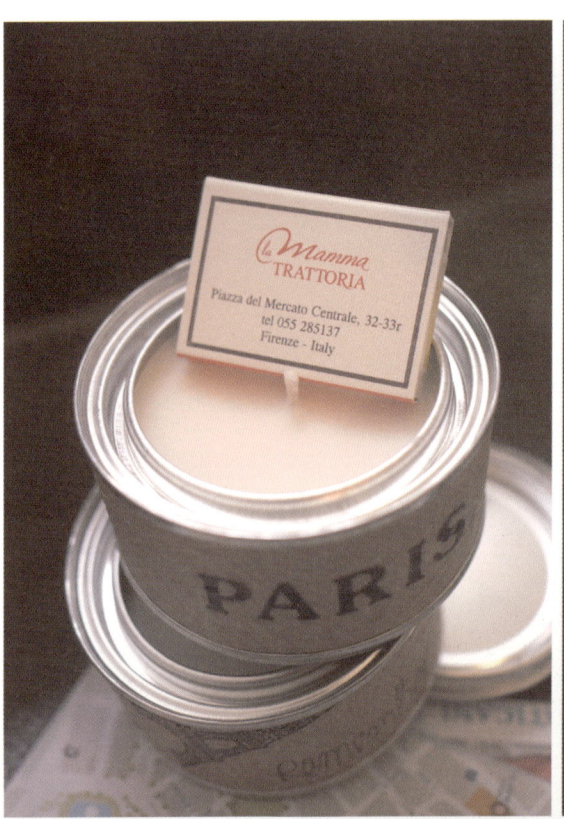

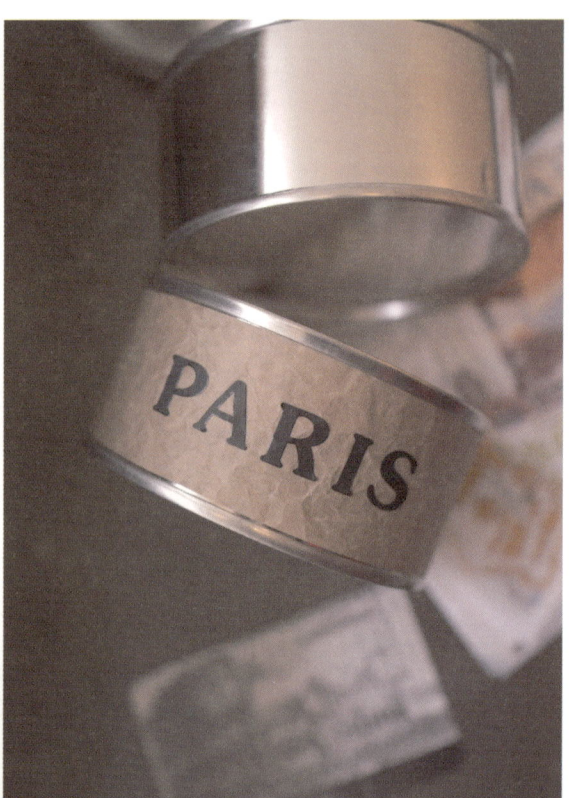

Make Better Candles

01. 요즘 인기 있는 인더스트리얼 인테리어에 어울리는 찌그러진 틴컨테이너로도 만들어 보아요. 틴컨테이너 겉면을 고무망치로 조심히 두드려 구겨주세요. 고무망치가 없다면 헝겊으로 겉면을 감싸고 쇠망치로 톡톡 두들기면서 구겨주세요. 이때 찌그러진 부분이 겹치지 않게 산발적으로 두들겨야 더욱 멋스러워요.
02. 틴 캔들 겉면이 너무 뜨거워 이동시 불편하다면 안전하게 패브릭 스티커로 겉면을 커버링해 주세요. 따뜻한 온기를 느낄 수 있어요.

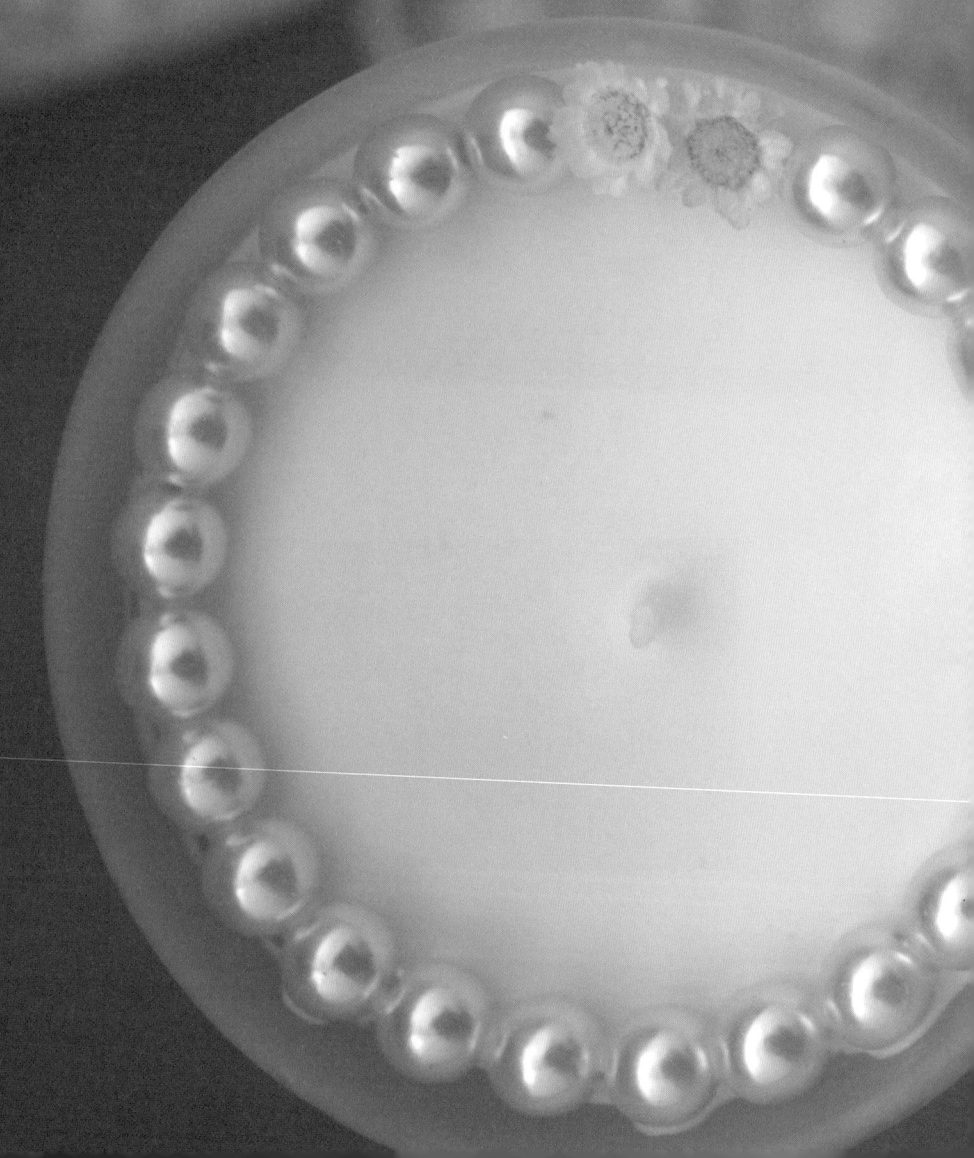

Wedding & Candles
아름다운 신부에게 주고픈 캔들
눈이 부시도록 아름다운 웨딩 캔들

제가 만약 결혼할 당시에도 캔들을 만드는 사람이었다면 저의 웨딩 테이블에 직접 만든 캔들을 놓았을텐데 그게 조금 아쉬움으로 남아요. 이번에 만들어 보는 캔들은 주위에 결혼을 앞두고 있는 지인의 선물로 준비하거나 자신의 결혼식에 사용할만한 캔들 소품으로 적당한 작품을 만들어 볼 거예요.

결혼식에서 가장 흔하게 볼 수 있는 것은 플라워와 캔들이죠. 양가 부모님들의 촛불 점화로 결혼식이 시작되는 캔들은 예비 부부에게 큰 의미가 될 수 있는데요. 앞으로 나아갈 길을 밝게 비추라는 의미와 자기를 희생하고 상대를 배려하라는 의미를 내포하고 있기 때문이지요. 최근 천연 캔들에 대한 많은 여성분들의 관심과 함께 특별한 날을 위해 캔들을 주문하거나 직접 만들고 있답니다.

How To Make
A Candle
for Wedding?

You Need

왁스를 녹일 때 필요한
기본적인 도구(p10 TIP 참고)
7oz 컨테이너
심지 홀더
컨테이너 소이 왁스(에코소야) 180g
면 심지 3호
향료(E.O) 10% 18g - 일랑일랑
인조진주
핀셋

저는 캔들 위에 인조진주를 올려놓았지만 진주 대신에 작은 드라이플라워를 둘러 화관처럼 데코레이션해도 예쁘답니다.

step 1. 왁스를 계량하여 녹여요.
step 2. 컨테이너를 깨끗이 닦아 준비하세요.
step 3. 컨테이너 중앙에 심지를 고정해 주세요.
step 4. 녹은 왁스에 향료를 넣고 잘 섞어주세요.
step 5. 50~55도에 왁스를 컨테이너에 부어주세요. 이때 진주를 올리고 왁스를 살짝 더 부어줄 만큼의 높이를 고려해서 부어주세요.
step 6. 왁스가 어느 정도 굳으면 핀셋을 이용해 진주를 데코해 주세요.
step 7. 같은 향을 블랜딩한 왁스를 살짝 부어주세요.
step 8. 왁스가 완전히 굳으면 심지를 정리해 주세요.
step 9. 컨테이너 외부를 스티커 등으로 데코해 주세요.

All Black Tealight Candles
겉과 속이 시커먼 올블랙 티라이트 캔들

티라이트 캔들은 기본 중의 기본인 캔들이에요. 캔들 애호가들은 티라이트 캔들의 유용성을 잘 알고 있답니다. 하지만 캔들을 많이 접해보지 못한 분들은 티라이트 캔들을 선물 받으면 '이런 걸 어디다 쓰라는 거지?' 하며 갸우뚱 할 수 있을 거예요. 티라이트 캔들은 직접적으로 캔들 하나로만 태우기보다는 패턴이 은은하게 들어가 있는 캔들 홀더 안에 넣어 간접 불빛으로 즐긴다거나 아로마 램프 하단에 넣어 그 열로 왁스 타블렛 또는 아로마 오일을 발향시킬 때 사용할 수 있어요. 그래서 선물할 일이 있을 경우 티라이트 캔들과 함께 사용할 수 있는 소품들을 함께 넣어준다면 더욱 센스있는 사람이 되겠죠.

How To Make A All black tealight Candle ?

You Need

왁스를 녹일 때 필요한
기본적인 도구(p10 TIP 참고)
티라이트 용기
컨테이너 소이 왁스(에코소야) 90g
티라이트 캔들 전용 심지
향료(F.O) 10% 9g - 바닐라
염료 7drops - 딥블랙 액체 염료

티라이트 캔들은 큰 컨테이너 캔들에 비해 높이가 낮은 캔들이기 때문에 고르고 평평한 표면을 만들 수 있는 확률이 높아요.

step 1. 왁스를 계량하여 녹여요.
step 2. 티라이트 캔들 전용 심지를 심지탭 스티커에 붙여주세요.
step 3. 심지를 용기에 고정하세요.
step 4. 녹은 왁스에 염료를 넣고 잘 섞어주세요.
step 5. 4번에 향료를 넣고 잘 섞어주세요.
step 6. 50~55도에 왁스를 용기에 가득 부어주세요. 수축이 일어날 것을 대비해 살짝 볼록하게 부어주세요.
step 7. 왁스가 완전히 굳으면 심지를 적당한 길이로 정리해 주세요.

딥블랙 사용팁

1drop/100g

3drops/100g

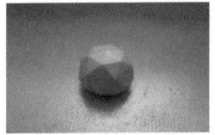

7drops/100g

CandleBOOk

Campbell's soup
Upcycling Candles

지구를 생각하는 착한 캔들 캠벨스프 업사이클링 캔들

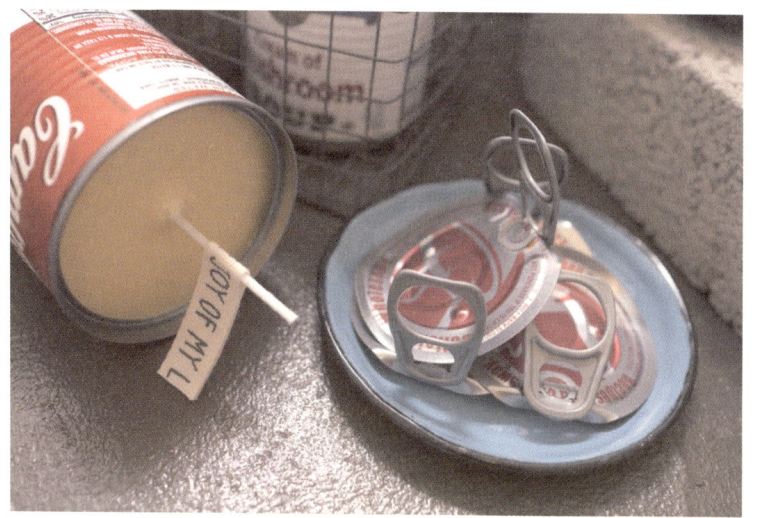

업사이클링upcycling은 '재활용품에 디자인 또는 활용도를 더해 그 가치를 높인 제품으로 재탄생시키는 것'이라고 정의를 내리고 있어요. 버려지는 물건들을 재활용하는 것 그 이상으로 디자인과 가치가 더해져 더욱 훌륭한 것으로 만들어내는 것이에요. 요즘은 새 것보다는 세월의 흔적이 고스란히 담겨있는 앤틱 소품이나 의도적으로 스크래치를 낸다거나 하는 식으로 염색을 해서 빈티지한 느낌을 살려 훨씬 더 멋스럽게 연출하기도 하죠. 인테리어 조차도 인더스트리얼 컨셉이라고 해서 파이프를 노출시킨 천정이나 시멘트의 반죽이 거칠게 표현된 회벽이 더 끌리는 경우도 마찬가지겠죠. 틴 소재로 된 '캠벨스프 캔'은 팝아트의 거장인 앤디워홀 작품 Campbell's soup 때문에 더욱 유명해 졌어요. 실크 스크린 기법으로 하나의 판으로 수천장을 찍을 수 있어 희소성은 없는 작품이지만 많은 사람들의 사랑을 받은 작품이에요. 저도 참 좋아한답니다. 캔 커버 디자인이 강렬한 게 포인트가 되어 어느 것에 적용해 상품이 되어도 포인트가 되는 디자인이에요. 빈 캔은 정말 활용도가 높아요. 저는 캔들로 만들었지만 만들면서도 이것저것 아이디어가 엄청 떠오르더라구요. 캔들을 다 태우고 나서는 다른 용도로 또 활용해 보아요.

How To Make
A Upcycling
Candle?

You Need

왁스를 녹일 때 필요한
기본적인 도구(p10 TIP 참고)
재활용 캔
심지 홀더(나무젓가락)
컨테이너 소이 왁스(에코소야) 250g
면 심지 3호
향료(E.O) 7% 17.5g - 파인 + 레몬
리본 끈
양면 테이프

캠벨스프 캔은 길면서도 좁은 형태를 하고 있어 표면에 수축이 많이 일어난답니다. 왁스를 두 번 부어주는 것을 필수로 하면 좀 더 매끄러운 표면을 만들 수 있어요.

step 1. 왁스를 계량하여 녹여요.
step 2. 캔을 깨끗이 닦아 햇빛에 잘 말리세요.
step 3. 심지를 캔 중앙에 고정하세요.
step 4. 녹은 왁스에 향료를 넣고 잘 섞어주세요.
step 5. 50~55도에 왁스를 캔의 1cm 정도 남기고 부어주세요.
step 6. 왁스가 어느 정도 굳으면 같은 향료를 블랜딩한 왁스를 한 번 더 부어주세요.
step 7. 왁스가 완전히 굳으면 심지를 적당한 길이로 정리해 주세요.
step 8. 리본 끈을 6cm 정도로 재단하세요.
step 9. 양면 테이프를 이용해 리본 끈을 반으로 접어 붙여주세요.
step 10. 리본 끈을 심지에 넣어 고정하세요.

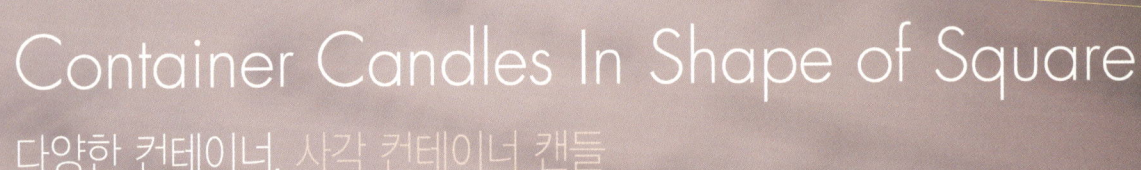

Container Candles In Shape of Square
다양한 컨테이너, 사각 컨테이너 캔들

YOU'RE THE BES'

컨테이너 캔들은 용기 모양이 해당 캔들의 디자인을 좌지우지하게 되죠. 보통 캔들은 심지를 중심으로 원형으로 지름을 태우며 연소하기 때문에 사각 컨테이너는 잘 선택하지 않는 모양이기는 해요. 모서리 부분의 왁스가 다 연소되지 못하고 남아 허비되는 경우가 있어요.

그렇다고 매일 원형 컨테이너만 사용한다면 재미가 없잖아요? 그래서 만들어 보았어요. 리드가 함께 있어 더욱 좋은 사각 컨테이너 캔들. 캔들 유저라면 리드는 필수라는 것 쯤은 알 거예요. 향기를 보존할 수 있는 가장 좋은 방법은 리드를 닫아 휘발을 방지하는 것이랍니다.

How To Make A Container Candle?

You Need

왁스를 녹일 때 필요한
기본적인 도구(p10 TIP 참고)
사각 컨테이너
심지 홀더(나무젓가락)
컨테이너 소이 왁스(에코소야) 80g
면 심지 2호
향료(F.O) 10% 8g - 닌페오미오
크라프트지
스탬프
드라이플라워
종이 테이프

step 1. 왁스를 계량하여 녹여요.
step 2. 컨테이너를 깨끗이 닦아주세요.
step 3. 심지를 컨테이너 중앙에 고정하세요.
step 4. 녹은 왁스에 향료를 넣고 잘 섞어주세요.
step 5. 50~55도에 왁스를 컨테이너에 부어주세요.
step 6. 왁스가 완전히 굳으면 심지를 정리해 주세요.
step 7. 크라프트지를 적당한 크기로 재단하세요.
step 8. 크라프트지 하단에 스탬프를 찍어주세요.
step 9. 크라프트지를 컨테이너에 둘러 붙여주세요.
step 10. 마지막으로 적당한 위치에 자연물을 이용해 데코 해주세요. 내추럴한 느낌을 내기 위해 종이 테이프를 사용해요.

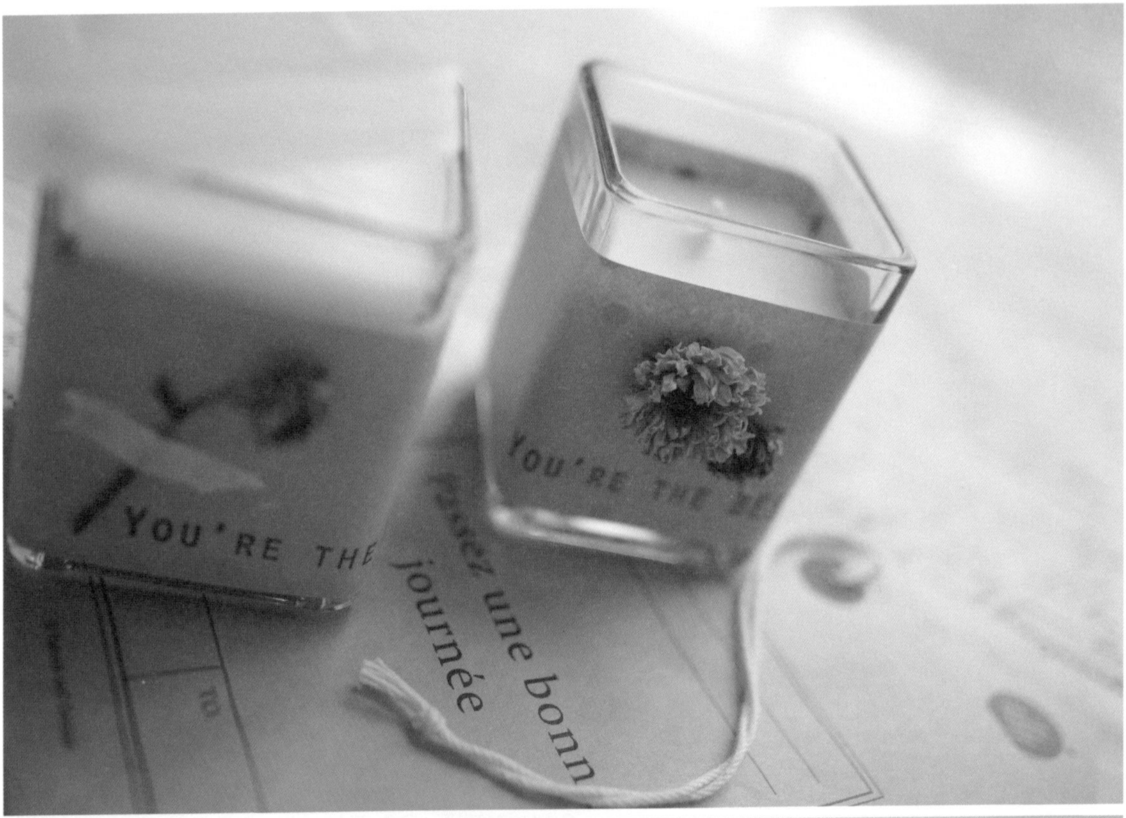

Passez une bonne journée

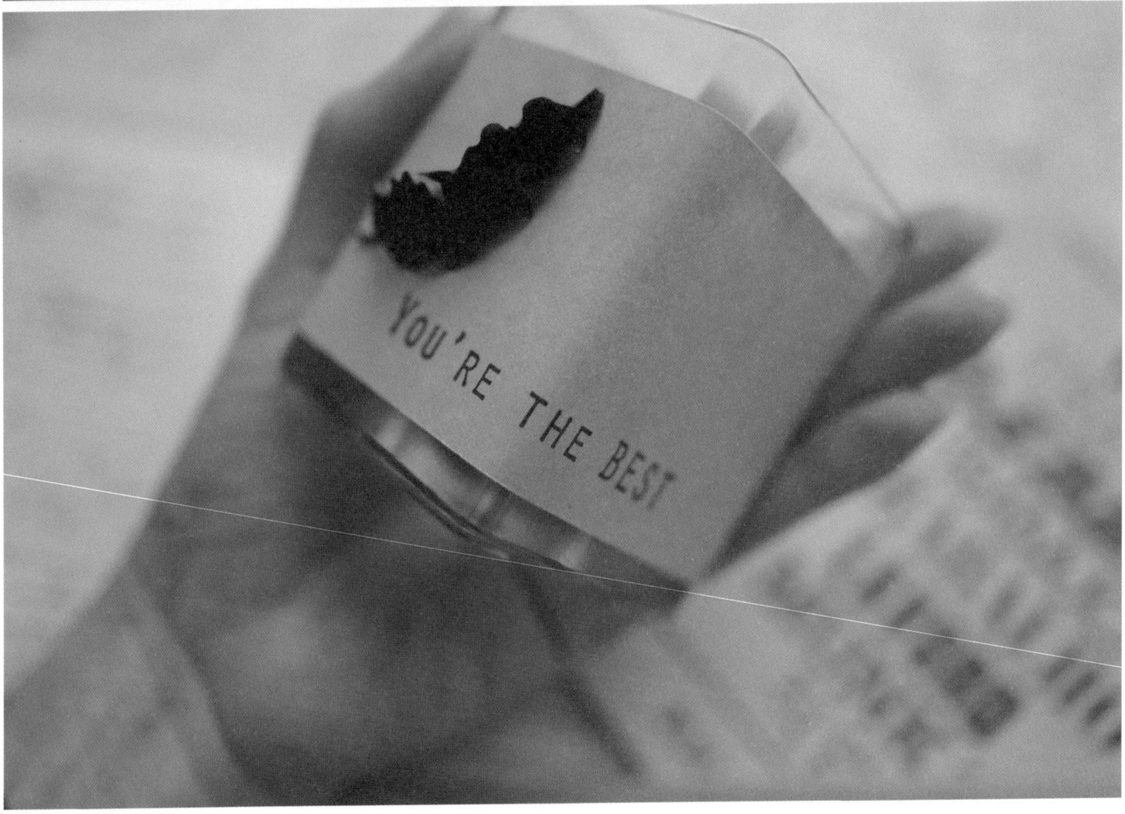

YOU'RE THE BEST

Make Better Candles

스탬프와 자연물로도 멋진 데코를 할 수 있지만 이보다 더 간편한 방법은
01. 패턴이 들어간 랩핑 페이퍼(포장지)로 커버링을 하는 것이랍니다. 저는 도트 무늬가 앙증맞게 들어간 패턴지를 이용해 보았어요. 그리고 사각 컨테이너는 리드가 포함된 유용한 용기이고, 두께도 두꺼워서 다른 유리 컨테이너에 비해 깨질 우려도 적어요. 또한 굳이 박스에 담지 않은 이유는 사각 형태의 컨테이너가 마치 박스처럼 연상되어 선물 박스를 포장하듯 꾸밀 수 있기 때문이죠.
02. 트와인 끈이나 햄프사를 이용해 케이크 박스 리본 끈을 두르듯이 십자가로 둘러주고 중앙을 묶어주세요.
03. 그리고 두 개의 끈을 다시 하나로 잡고 작은 스티커로 합쳐 붙여주세요.
04. 스티커 위로 불쑥 튀어나온 두 개의 끈은 또 다시 각각 동그랗게 매듭을 지어 귀여운 느낌을 강조해 주세요.

Ⅷ-Ⅱ. 필라 캔들 Pillar Candles

다크 필라 캔들

글리터링 캔들

레이어드 캔들

허브 캔들

Remise

M et M me Détra

Dark Pillar Candles
딥한 블랙이 매력적인 다크 필라 캔들

a' Mr et M
leur en consenter
priété promis au contrat de vente
octobre dernier. (1899).

1° Aucune inscription autre que
Aucune transcription

캔들 클래스를 진행하면서 가장 많은 분들이 좋아해준 캔들이 바로 다크 필라 캔들이에요. 왁스가 다 굳어 몰드에서 빼내는 순간 맨들맨들한 새까만 컬러의 캔들에 다들 만족스러운 표정을 짓게 만들어요. 실제로 보면 훨씬 더 시크하며 멋진 캔들이라고 말할 수 있어요. 별다른 데코레이션이나 화려한 모양이 아니더라도 다크한 필라 캔들 하나만 놓아도 인테리어 소품으로도 딱이에요.

블랙 고체 염료로는 다크한 블랙을 표현하기는 어렵기 때문에 그것을 보완해줄 블랙 액체 염료를 대신해서 사용해요. 블랙 액체 염료는 발색이 매우 잘되기 때문에 극소량만 넣어도 원하는 컬러를 얻을 수 있을 거예요.

How To Make A Dark Pillar Candle?

You Need

왁스를 녹일 때 필요한
기본적인 도구(p10 TIP 참고)
오각뿔 몰드
심지 홀더(나무젓가락)
다부치
필라용 소이 왁스 120g
면 심지 36번
향료(F.O) 10% 12g - 바닐라
염료 8drops - 딥블랙 액체 염료

대체 오일 - 베이스 노트 계열의 향료들
ex. 머스크, 샌달우드, 앰버 등

블랙 액체 염료는 강하게 컬러를 표현하는 만큼 좋지 않은 냄새가 나기도 한답니다. 따라서 그 냄새를 감추기 위해 되도록 머스크나 앰버 등 베이스 노트 계열의 향들을 블랜딩하는 것을 권장해요.

step 1. 왁스를 계량하여 녹여요.
step 2. 몰드를 깨끗이 닦아 준비하세요.
step 3. 다부치를 이용해 심지를 몰드에 고정하세요. 오각뿔 몰드는 상단에 심지 고정대를 걸칠 수 있는 홈이 있어 그곳에 고정해 주세요.
step 4. 녹은 왁스에 염료를 넣고 잘 섞어주세요.
step 5. 4번에 향료를 넣고 잘 섞어주세요.
step 6. 70~85도에 왁스를 몰드에 부어주세요.
step 7. 왁스가 완전히 굳으면 탈형해 주세요.
step 8. 완성된 캔들의 위와 아래 심지를 적당한 길이로 정리해 주세요.

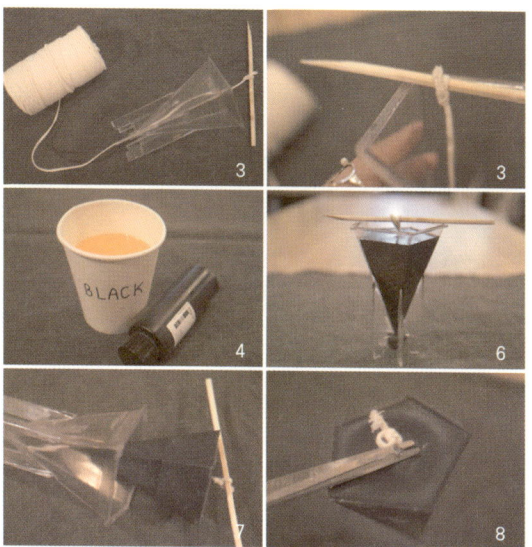

Glittering Candles

페미닌 감성 가득한 캔들
화려한 데코레이션 글리터링 캔들

이렇게 화려한 캔들은 어느 곳에 두면 좋을까요?
아침마다 거울을 보며 얼굴을 치장하는 화장대는 어떨까요? 여성스러움을 가득 품은
향을 블랜딩해서 향수병 옆에 나란히 놓으면 향수와 함께 발향도 되고, 보기만 해도
기분이 좋아지는 인테리어 소품이 될 것 같아요. 아침마다 진정한 여자가 되는 거죠.

캔들을 만들다 보면 꼭 실용적인 캔들만 만들 수 없다는 것을 느껴요. 실용성만 고려하다 보면 디자인에 제한을 너무 많이 두게 되거든요. 캔들이 많은 사람들에게 인기를 얻는 이유는 향기로운 향을 피울 수 있기 때문이지만 그 자체만으로도 인테리어 소품 역할을 하기 때문이죠. 이번에 소개하는 캔들은 태우는 용도로는 적합하지 않지만, 만들어 놓은 결과물에 여자라면 누구나 만족할 수 있는 캔들이랍니다. 아무리 평범하고 얌전한 여자라고 하더라도 화려한 무언가에 끌리지 않는 사람은 없겠죠? 저와 함께 제작 프로세스를 차근히 보면서 캔들도 이렇게 화려하게 변신할 수 있다는 것을 경험해 보아요.

How To Make A Glittering Candle for Women?

You Need

왁스를 녹일 때 필요한
기본적인 도구(p10 TIP 참고)
필라 몰드 小
다부치
필라용 소이 왁스 120g
면 심지 34번
향료(F.O) 7% 8g -베이(Baies)
은색 반짝이 가루
양면 테이프 또는 딱풀

글리터링 캔들은 좀 더 큰 사이즈의 캔들로 만들어 파티 인테리어 연출을 할 때 사용하여도 잘 어울리는 캔들이랍니다. 이때는 레드나 블루 컬러의 반짝이 파우더로 톡톡 튀는 공간을 만들어 보세요.

step 1. 왁스를 계량하여 녹여요.
step 2. 필라 몰드를 깨끗이 닦아 준비하세요.
step 3. 다부치를 이용해 심지를 고정해 주세요.
step 4. 녹은 왁스에 향료를 충분히 섞어주세요.
step 5. 70~85도에 왁스를 적당한 높이만큼 몰드에 부어주세요.
step 6. 왁스가 완전히 굳으면 몰드에서 탈형하세요.
step 7. 심지를 적당한 길이로 정리해 주세요.
step 8. 양면 테이프를 필라 캔들 겉면에 둘러 붙여주세요. 반짝이를 뿌리고 싶은 부분에만 테이프를 붙이세요.
step 9. 양면 테이프가 붙은 부분에 은색 반짝이 가루를 골고루 뿌려주세요.

Layered Candles

층, 층, 층 다른 컬러로 쌓아가는 재미가 있는 레이어드 캔들

레이어드 캔들처럼 길쭉한 모양을 하고 있는 캔들은 인테리어 소품으로 사용하기 어려운 감이 있어요. 이렇게 기다란 캔들은 하나만 세워 놓기보다는 여러 개의 캔들을 빈티지한 틴에 넣어 연필꽂이처럼 장식하는 것이 어색하지 않고 좋을 거예요. 또는 여러 개를 한꺼번에 스트랩으로 묶고 탭을 연결하여 눕혀 놓으면 훨씬 보기 좋은 인테리어 소품이 된답니다.

레이어드 캔들은 실패하기 쉬운 난이도가 높은 캔들이에요. 한 층씩 왁스의 굳기를 봐가며 타이밍을 잘 맞춰 작업해야 하기 때문이지요. 소이 왁스는 왁스 자체의 컬러 때문에 원하는 컬러를 내기가 쉽지 않아요. 염료를 소량씩 섞어 테스트를 해가며 조색을 하면 좀 더 수월하게 컬러를 만들 수 있어요.

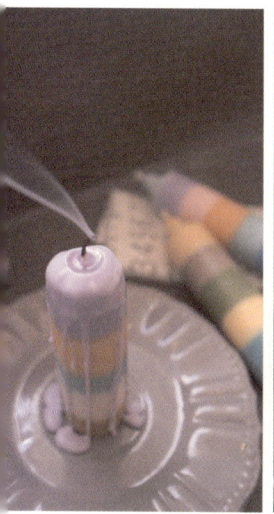
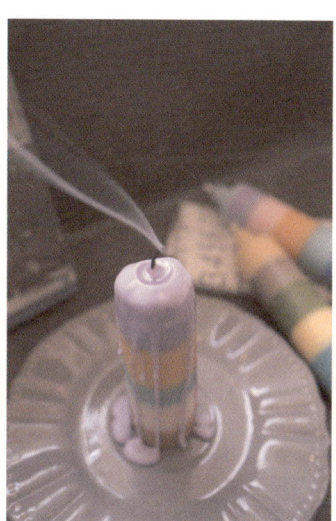

How To Make A Layered Candle?

You Need

왁스를 녹일 때 필요한
기본적인 도구(p10 TIP 참고)
등대 몰드
다부치
필라용 소이 왁스 75g
면 심지 16번
향료(F.O) 10% 7g - 러브스펠
고체 염료 - 바이올렛, 옐로우,
로얄블루, 골드

다른 컬러의 조합도 좋지만
한 가지 염료를 한층 한층 염료의 양을
늘려가며 그라데이션 효과로
제작해도 예쁘답니다.

레이어드 캔들은 마카롱 캔들과 마찬가지로 색조합이 가장 중요하답니다. 여러 가지 컬러를 먼저 조합해본 후 만들면 더 만족스러운 레이어드 캔들을 완성할 수 있어요.

step 1. 왁스를 계량하여 녹여요.
step 2. 등대 몰드를 깨끗이 닦아 준비하세요.
step 3. 다부치를 이용해 심지를 고정해 주세요.
step 4. 녹은 왁스에 염료와 향료를 넣고 잘 섞어주세요.
step 5. 70~85도에 왁스를 몰드의 5분의 1 정도 부어주세요.
step 6. 먼저 부은 왁스가 어느 정도 굳으면 두 번째 왁스에 염료와 향료를 넣고 원하는 높이만큼 부어주세요.
step 7. 위와 같은 방법으로 원하는 높이만큼 왁스를 부어주세요.
step 8. 왁스가 완전히 굳으면 몰드에서 탈형하세요.
step 9. 심지를 적당한 길이로 정리해 주세요.

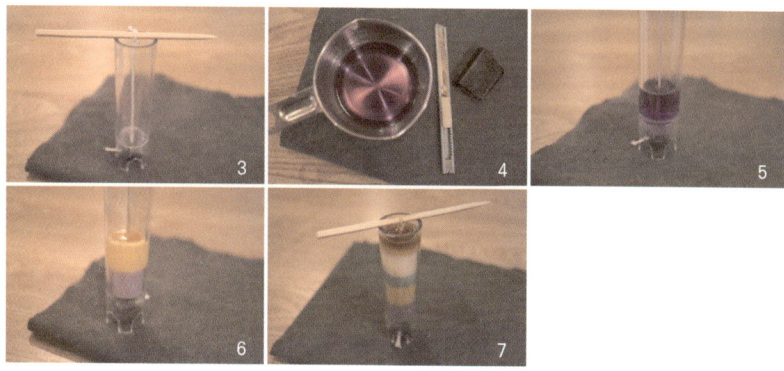

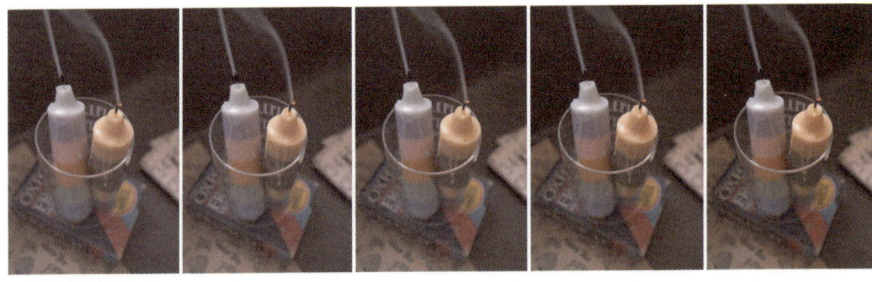

Herb Candles
은은하게 허브가 비치는 허브 캔들

허브 캔들이라 해서 녹색 식물을 상상하셨을 텐데 블랙이라 당황하셨나요? 맞아요 모양은 유칼립투스인데 말이죠? 녹색의 유칼립투스를 검은색으로 염색한거랍니다. 디자인을 고려하여 염색을 하고, 시들지 않고 그 상태 그대로 오래도록 유지하게 보존 처리한 이런 식물들을 '프리져브드 플라워Preserved Flowers'라고 해요.

유칼립투스를 이용한 허브 캔들은 허브가 들어 있는 가장자리를 일부러 태우지 않고 남겨두어요. 그러면 심지가 짧아질수록 캔들 표면에 은은하게 불빛이 비치면서 허브의 모양이 드러나게 되는 것이죠. 즉 자동으로 랜턴의 역할을 하게 되는 거랍니다. 이렇게 만들기 위해서는 반드시 심지를 규격보다 한 치수 작은 심지를 써야 해요. 특히 캔들을 태울 때는 허브에 불이 붙을 수도 있어 항상 주의해야 합니다.

How To Make A Herb Candle?

You Need

왁스를 녹일 때 필요한
기본적인 도구(p10 TIP 참고)
필라 몰드 大
심지 홀더(나무젓가락)
다부치
필라용 소이 왁스 300g
면 심지 34번
향료(E.O) 10% 30g - 유칼립투스,
시트로넬라, 티트리
허브 - 유칼립투스

대체 허브 - 라벤더, 레몬 슬라이스,
그린 유칼립투스

필라 캔들은 거꾸로 부어 굳히는 방법이지만 허브 캔들은 허브를 위로 노출되게 데코하기 때문에 거꾸로 세우지는 못한답니다. 따라서 표면이 수축 때문에 고르지 못해요. 힛건이나 이중 붓기(어느 정도 굳은 후 표면에 왁스 소량을 한 번 더 부어주는 것)으로 표면을 꼭 정리해 주세요..

step 1. 왁스를 계량하여 녹여요.
step 2. 다부치를 이용해 몰드에 심지를 고정하세요.
step 3. 녹은 왁스에 향료를 넣고 잘 섞어주세요.
step 4. 70~85도에 왁스를 몰드에 반 정도만 부어주세요.
step 5. 유칼립투스를 적당한 길이로 잘라 준비하세요.
step 6. 왁스가 어느정도 굳어 뿌옇게 되면 허브를 꽂아주세요.
step 7. 남은 왁스를 원하는 높이만큼 부어주세요.
step 8. 왁스 표면이 고르지 못하면 이중 붓기를 한 번 더 해주세요.
step 9. 왁스가 완전히 굳으면 탈형해 주세요.
step 10. 심지를 적당한 길이로 잘라주세요.

CandleBOOK

97

VIII-III. 디자인 캔들 Design Candles

초콜릿 캔들

홈메이드 과일잼 캔들

대각선 캔들

시나몬 캔들

스톤 캔들

Chocolate Candles

달콤 디저트 캔들. 첫 만남 이야기
달콤하게 녹아 내리는 초콜릿 캔들

WHAT IS THE SWEETEST THING IN THE WORLD ?

of Course,
The Answer is "**A CHOCOLATE CANDLE** "

심지가 없었더라면 단번에 손가락으로 집어 입에 넣었을 것 같은 캔들이죠? 정말 'ABC 초콜릿'처럼 알파벳도 새겨져 있어 비닐 포장지에 포장해서 선물하면 맛있겠다며 입에 넣겠어요. 다크 초콜릿과 밀크 초콜릿 두 가지 종류로 만들어 취향에 따라 골라 불을 밝힐 수 있는 캔들이에요. 소이 왁스는 왁스 천연의 크리미한 컬러와 질감 때문에 더욱 리얼 초콜릿의 느낌을 살리기가 쉬운 왁스랍니다. 블랜딩한 향 또한 민트 초콜릿 향으로 불을 붙이지 않아도 패키징을 오픈하는 순간 민트의 알싸한 향기와 달콤한 초콜릿 향의 조합으로 코가 행복해지겠죠.

How To Make A Sweet Chocolate Candle?

You Need

왁스를 녹일 때 필요한
기본적인 도구(p10 TIP 참고)
쵸콜릿 몰드
산적 꽂이
롱로우즈
필라용 소이 왁스 100g
코팅 면 심지 2호,
심지탭
염료 - 브라운 액체 염료 + 브라운 고체 염료
향료(F.O) 10% 10g -민트 쵸콜릿

초콜릿 향을 내는 향료는 의외로
좋지 않은 냄새가 나는 경우가 많아요.
꼭 먼저 시향을 해보고
구입하는 것이 좋겠어요.

초콜릿 캔들을 만드는 방법은 그리 어렵지는 않지만 얼마나 리얼 초콜릿과 흡사한 컬러를 표현하느냐가 중요하겠어요. 왁스에 원하는 컬러를 입힌다는 것이 단번에 되는 것이 아니므로 여러 번의 연습을 통해 원하는 컬러를 얻기를 바래요.

step 1. 왁스를 계량하여 녹여요.
step 2. 초콜릿 몰드를 깨끗이 닦아 준비하세요.
step 3. 녹은 왁스에 염료를 섞으면서 초콜릿 컬러로 조색하세요.
step 4. 3번에 향료를 넣고 섞어주세요.
step 5. 70~85도에 왁스를 적당한 높이만큼 몰드에 부어주세요.
step 6. 왁스가 어느 정도 굳으면 산적 꽂이를 이용하여 심지 구멍을 미리 만들어 놓으세요.
step 7. 왁스가 완전히 굳으면 몰드에서 탈형하세요.
step 8. 롱로우즈를 이용해서 심지와 심지탭을 연결하세요.
step 9. 탈형한 초콜릿 왁스에 심지를 꽂아주세요.
step 10. 심지를 적당한 길이로 정리해 주세요.

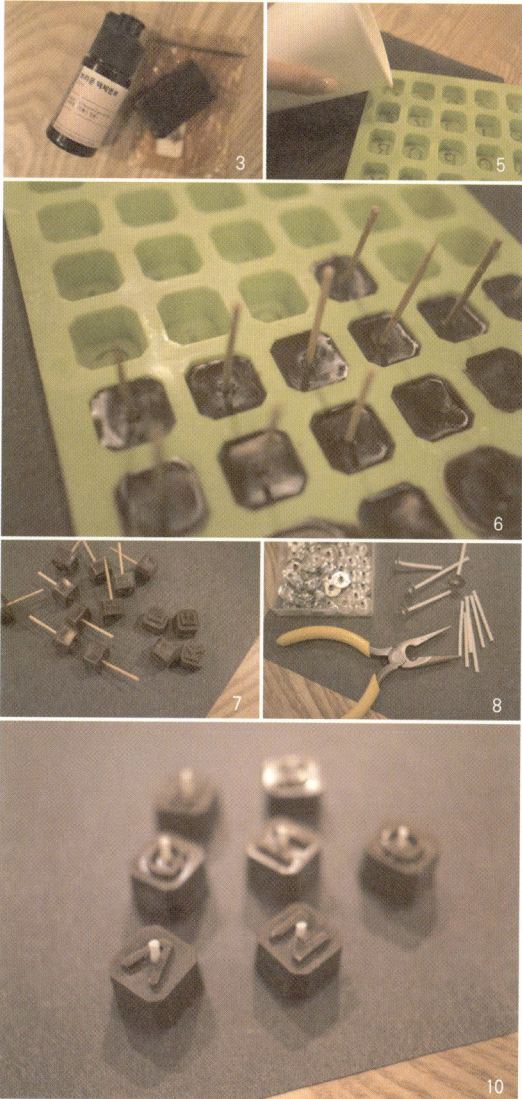

Homemade Fruit Jam Candles
상콤달콤 홈메이드 과일잼 캔들

불붙는 것이 너무 신기했던 젤 왁스 캔들
맑고 투명한 젤리 같은 것에
탄산수처럼 기포를 머금고 있는 것이 마냥 신기하기만 했었죠.
다른 왁스와는 많이 다른 젤 왁스의 세계는 어떨까요?

캔들 크래프트의 다양성을 넓혀준 젤 왁스는 주로 일상에서 접할 수 있는 것들을 재현해서 캔들로 만든답니다. 왁스 중에 유일하게 투명한 느낌을 주고 기포를 만들 수 있다는 특징이 있어 탄산수와 같은 액체류를 표현할 때 많이 이용되지요. 투명하다는 특징 때문에 젤 캔들을 보는 사람들은 "우와~" 하고 감탄사를 내지만 이 투명한 느낌이 자칫 촌스러워 보일 수도 있어요. 그래서 디자인에 더욱 신경을 써야 하는 왁스 중에 하나죠. 저는 젤 왁스를 이용해서 과일잼 캔들을 만들어 보았어요. 상큼할 것 같은 베리를 잼병 안에 먼저 차곡차곡 쌓아놓고 마치 그것들을 숙성시키듯이 젤 왁스를 가득 채워요. 투명한 잼 안에 베리가 가득차 있는 모습이 너무나 예쁘지만 젤 왁스의 온도가 매우 뜨겁기 때문에 너무 높은 온도로 왁스를 부으면 베리의 볼록볼록한 모양이 전부 뭉개질 수도 있어요.

How To Make A Fruit Jam Candle?

You Need

왁스를 녹일 때 필요한
기본적인 도구(p10 TIP 참고)
과일잼 용기
베리 몰드
젤 왁스 120g
파라핀 왁스(베리) 80g
심지 4호
향료(F.O) 10% 12g - 스트로베리 다퀴리
고체 염료 - 바이올렛, 레드레드

실리콘 소재의 과일 몰드는 종류가많은데
꼭 베리가 아니더라도 오렌지나파인애플 등
다양한 모양을 활용해서 만들면
여러 가지 과일잼을 만들 수 있어요.

잼 캔들은 특징이 다른 두 가지 왁스를 함께 사용해서 만드는 캔들이에요.
두 왁스의 장점을 잘 이용해서 만든 매우 독창적인 캔들이랍니다.

step 1. 파라핀 왁스를 계량하여 녹여주세요.

step 2. 몰드를 깨끗이 닦아 준비하세요.

step 3. 파라핀 왁스에 각각 바이올렛과 레드레드 염료를 넣고 잘 섞어주세요.

step 4. 85도에 왁스를 각각 몰드에 부어주세요.

step 5. 왁스가 완전히 굳으면 베리를 탈형해 주세요. 굳어가면서 윗면에 구멍이 심하게 생기는 것이 보여요.

step 6. 젤 왁스를 계량하여 녹여주세요.

step 7. 깨끗이 닦은 과일잼 용기에 심지를 고정하세요.

step 8. 젤 왁스를 먼저 소량만 붓고, 용기 안쪽면을 코팅하듯이 한 바퀴 돌려주세요.

step 9. 코팅한 왁스가 다 굳으면 미리 만들어 놓은 베리 왁스를 예쁘게 배치하세요.

step 10. 젤 왁스에 향료를 넣고 잘 섞어주세요.

step 11. 왁스의 점성이 높아지기 직전에 베리 사이사이로 왁스가 잘 들어가는지 확인하면서 부어주세요.

step 12. 왁스가 완전히 굳으면 심지를 적당한 길이로 정리해 주세요.

step 13. 스티커로 잼 용기를 꾸며주세요.

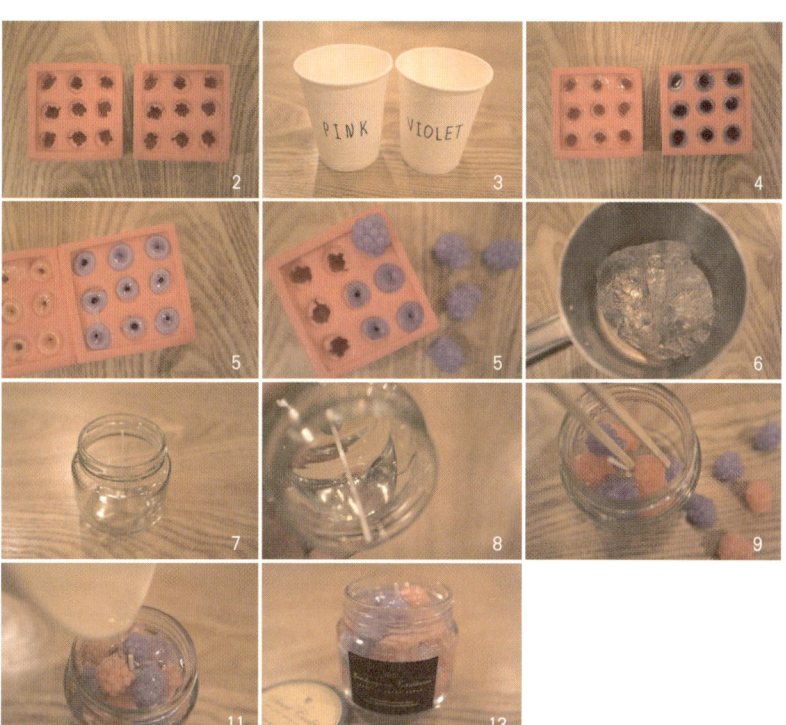

Diagonal Candles
모던한 디자인이 돋보이는 대각선 캔들

대각선 캔들은 보는 각도에 따라 다르게 보여 보는 재미가 쏠쏠한 캔들이에요. 두 가지 컬러를 레이어링하여 어느 쪽으로 두고 보느냐에 따라 많이 보이는 컬러가 달라지며, 대각선의 기울기도 본인이 원하는 대로 정할 수 있어요. 저는 별 모양의 몰드를 사용하였지만 기본 기둥 모양의 몰드를 사용하면 시선에 따라 직선과 곡선 두 가지를 감상할 수 있답니다. 개인적으로는 두 가지 컬러를 조합하는 것이 가장 예쁜 것 같아요. 노란색과 남색, 녹색과 빨간색의 보색으로 조합해서 빈티지한 느낌을 살릴 수 있고, 컬러가 점점 진해지거나 연해지도록 하는 컨셉을 잡아도 좋겠어요.

How To Make A Diagonal Candle?

You Need

왁스를 녹일 때 필요한
기본적인 도구(p10 TIP 참고)
몰드
심지 홀더(나무젓가락)
필라용 소이 왁스 450g
코팅 면 심지 4호
고체 염료 - 블랙
향료(F.O) 7% 31g - 샌달우드
기울이기 위한 책 몇 권

매칭 컬러 추천-
핑크와 연보라, 민트와 옐로우,
민트와 연보라, 피치와 베이지

필라 캔들은 여러 가지 몰드를 이용해서 만들 수 있는데 내부가 코팅이 되어 있는 소재라면 별 무리 없이 몰드로 사용할 수 있으세요. 제가 만든 대각선 캔들도 캔들 전용 몰드가 아닌 베이킹용 몰드랍니다.

step 1. 왁스를 계량하여 녹여요.
step 2. 몰드를 깨끗이 닦아 준비하세요.
step 3. 몰드에 심지를 고정하세요.
step 4. 몰드를 책에 기대어 기울여 준비하세요.
step 5. 녹은 왁스에 염료와 향료를 넣고 잘 섞어주세요.
step 6. 70~85도에 왁스를 1단계로 부어주세요.
step 7. 왁스가 어느 정도 굳으면 다음 왁스를 녹여 1단계 왁스보다 더 진하게 염료를 섞어주세요.
step 8. 같은 향료를 넣고 잘 섞어주세요.
step 9. 몰드를 바르게 놓고 원하는 높이만큼 왁스를 부어주세요.
step 10. 왁스가 완전히 굳으면 뒤집어 몰드에서 탈형하세요.
step 11. 심지를 적당한 길이로 정리해 주세요.

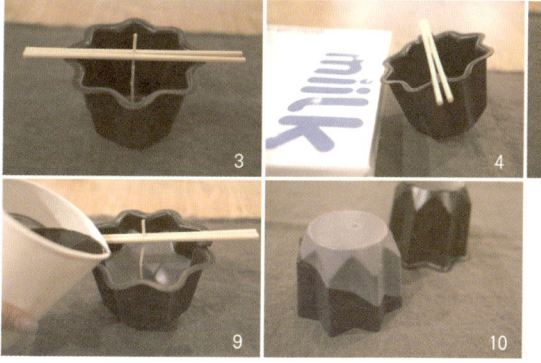

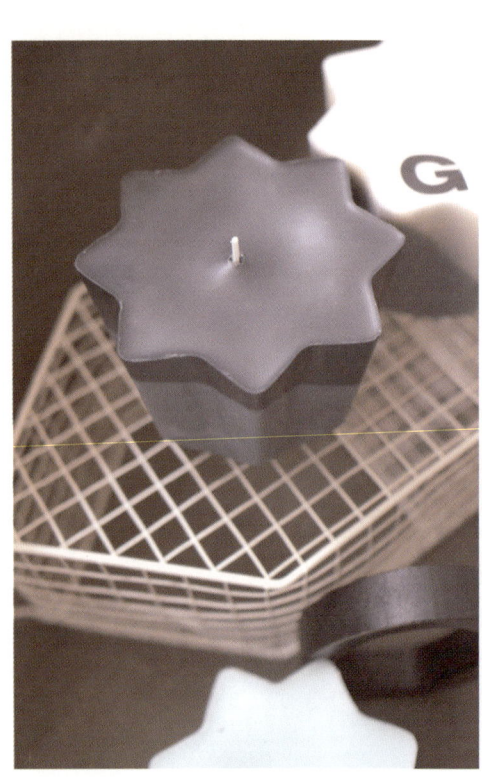
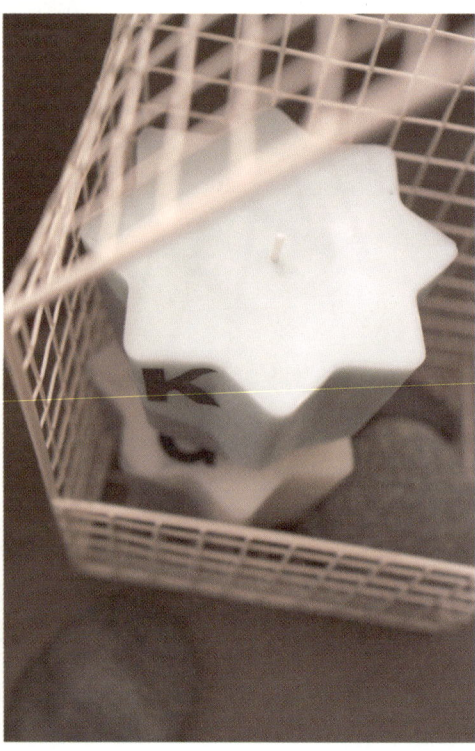

CandleBOOK

123

Cinnamon Candles (Anti Bugs)

꾸준히 사랑받는
벌레 쫓는 향기를 가진 시나몬 캔들

natural handmade

CandleBOOK

행복한 여름 휴가를 방해하는 '윙~윙 모기들'
주방 어디선가 '스멀~스멀 기어 나오는 벌레들'

연약한 아기의 피부를 모기로부터 보호하고
벌레를 보면 기겁하는 어린 아이의 약한 마음을 달래주기 위한
시나몬 캔들은 참 유용해요!

벌레들이 싫어하는 향이긴 하지만 가을에는 특히나 더 향기로운 시나몬. 시나몬의 스파이시한 향을 맡으면 따뜻한 카푸치노도 생각나고 괜히 분위기가 있어진다고 해야 할까요? 하지만 이런 시나몬 향은 때론 너무 강할 수 있으니 시나몬 캔들을 만든다고 해서 시나몬 향을 블랜딩한다면 근처에 가기 싫을 지도 모른답니다. 시나몬에 어울리는 향은 시트러스 계열의 향이나 천연 오일은 아니지만 풋풋한 사과 향이 나는 오일과도 어울린다고 할 수 있겠어요. 또는 벌레 퇴치 기능을 한층 더 업그레이드 하려면 시트로넬라나 유칼립투스 오일을 블랜딩하면 좋겠어요.

시나몬 바크를 이용해서 여러 가지 디자인의 캔들을 만들 수 있는데 저는 필라 캔들로 만들어 보았어요. 자연 소재로 데코레이션을 한 캔들이기에 어떤 디자인으로 만들더라도 내추럴한 분위기를 연출할 수 있어요. 드라이된 나뭇잎이나 솔방울과도 정말 잘 어울리는 소재이지요.

How To Make A Cinnamon Candle?

You Need

왁스를 녹일 때 필요한
기본적인 도구(p10 TIP 참고)
필라 몰드 大
심지 홀더(나무젓가락)
다부치
필라용 소이 왁스 250g
코팅 면 심지 36번
향료(E.O) 7% 17.5g - 시트로넬라(main E.O)+페퍼민트+레몬
시나몬 바크
영자 책장
면 스트랩
라이터

시나몬 캔들 제작 방법은 기본 필라 캔들 만들기와 비슷해요. 왁스를 두 번 나누어서 붓기만 하면 된답니다.

step 1. 왁스를 계량하여 녹여요.
step 2. 몰드를 깨끗이 닦아 준비하세요.
step 3. 다부치를 이용해 몰드에 심지를 고정하세요.
step 4. 녹은 왁스에 향료를 넣고 잘 섞어주세요.
step 5. 70~85도에 왁스를 1~2cm 정도만 부어주세요.
step 6. 왁스가 어느 정도 굳어 뿌옇게 보이면 시나몬 바크를 꽂아주세요.
step 7. 나머지 왁스에 같은 향료를 넣고 원하는 높이만큼 부어주세요.
step 8. 왁스가 완전히 굳으면 몰드에서 탈형하세요.
step 9. 심지를 적당한 길이로 정리해 주세요.
step 10. 영자 책장을 손으로 자연스럽게 찢어주세요.
step 11. 라이터로 가장자리를 태워주세요. 종이를 수평으로 잡지 않고 기울이거나 수직으로 잡으면 큰 불이 날지도 몰라요.
step 12. 영자 책자와 스트랩 등을 이용해서 시나몬 캔들을 꾸며주세요.

꾸준히 사랑받는 시나몬 바크 캔들

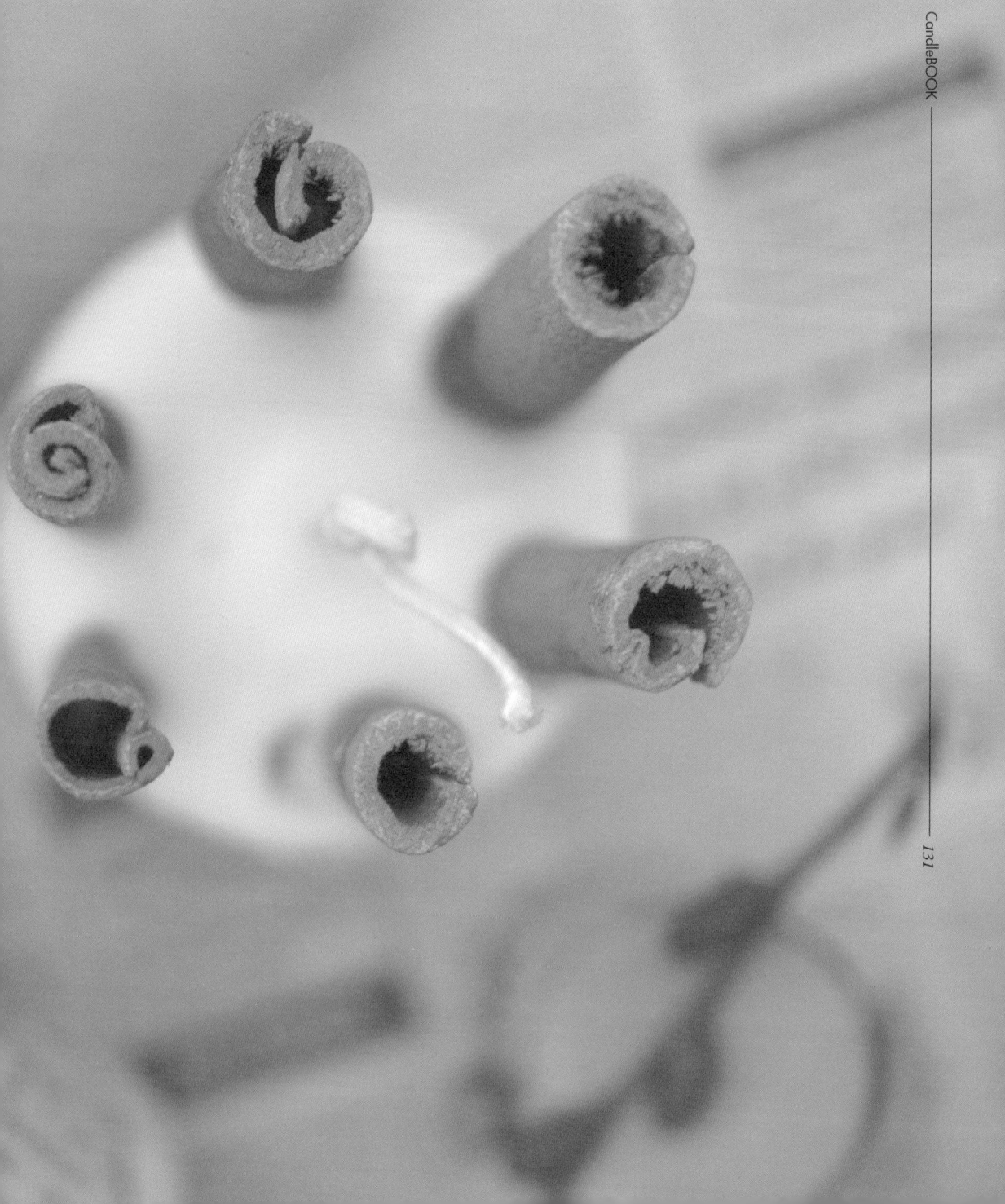

Stone Candles

진짜 보다 더 진짜 같은 스톤 캔들

한동안 페블스톤 캔들(조약돌 캔들)이 유행이었던 적이 있었어요. 그때 저도 페블 캔들을 많이 만들었죠. 당시는 지금처럼 캔들을 만드는 사람들이 많지 않았고 캔들의 종류도 다양하지 않았기 때문에 스톤 캔들을 리얼하게 표현하기 위한 목적보다는 그저 둥글둥글 귀여운 형태가 이쁘고 유니크해서 만들었던 경향이 있었죠. 그 후로 스톤 캔들의 유행이 잠잠하다가 갑자기 스톤 캔들의 유행이 다시 오더군요. 이번에는 스톤의 리얼한 질감을 살리는 것을 포인트로 말이에요. 저는 캔들을 촬영할 때 조약돌을 소품으로 많이 사용하는 편인데 조약돌 하나로 굉장히 트랜디한 사진 느낌을 연출할 수 있기 때문이죠. 요즘 트랜드가 깨끗하고 새 것 같은 느낌보다는 헌 것 또는 내추럴하게 러프한 느낌들을 더 좋아하죠. 어디선가 굴러다니는 돌멩이 하나가 인테리어가 되는 그런 시대가 왔네요. 저와 함께 쉽고 단순한 스톤 캔들 만들기로 인테리어 소품 하나 겟get 하시겠어요?

How To Make
A Stone
Candle?

You Need

왁스를 녹일 때 필요한
기본적인 도구(p10 TIP 참고)
스톤 몰드
심지 홀더(나무젓가락)
팜 왁스 60g
면 심지 34번
향료(F.O) 10% 6g - 탐다오
염료 3drops - 딥블랙 액체 염료

대체 오일 -베이스 노트 계열의 향료들
ex. 머스크, 샌달우드, 앰버 등

스톤 캔들은 돌멩이의 자연스러운 질감을 표현하는 것이 가장 중요해요.
따라서 거친 질감을 잘 표현해줄 팜 왁스를 이용해서 만들어요.

step 1. 왁스를 계량하여 녹여요.
step 2. 심지를 몰드에 고정하세요.
step 3. 녹은 왁스에 염료를 넣고 잘 섞어주세요.
step 4. 3번에 향료를 넣고 잘 섞어주세요.
step 5. 90~100도에 왁스를 몰드에 가득 부어주세요.
step 6. 왁스가 완전히 굳으면 탈형해 주세요.
step 7. 완성된 캔들의 위와 아래 심지를 적당한 길이로 정리해 주세요.

심지를 가리고 한번 보세요.
캔들이라는 것을 알 수 있으신가요?
코에 가져가 한번 향기를 맡아 보세요.
캔들이 맞지요~?

VIII-IV. 왁스 작업 & 다른 작업들 Wax Works & Others

왁스 모빌

어텀 왁스 타블렛

마카롱 오너먼트

석고 방향제

클래식 아로마 디퓨저

파우더리 룸 스프레이

Wax Mobile

왁스로 작업하는 다채로운 작품 왁스 모빌

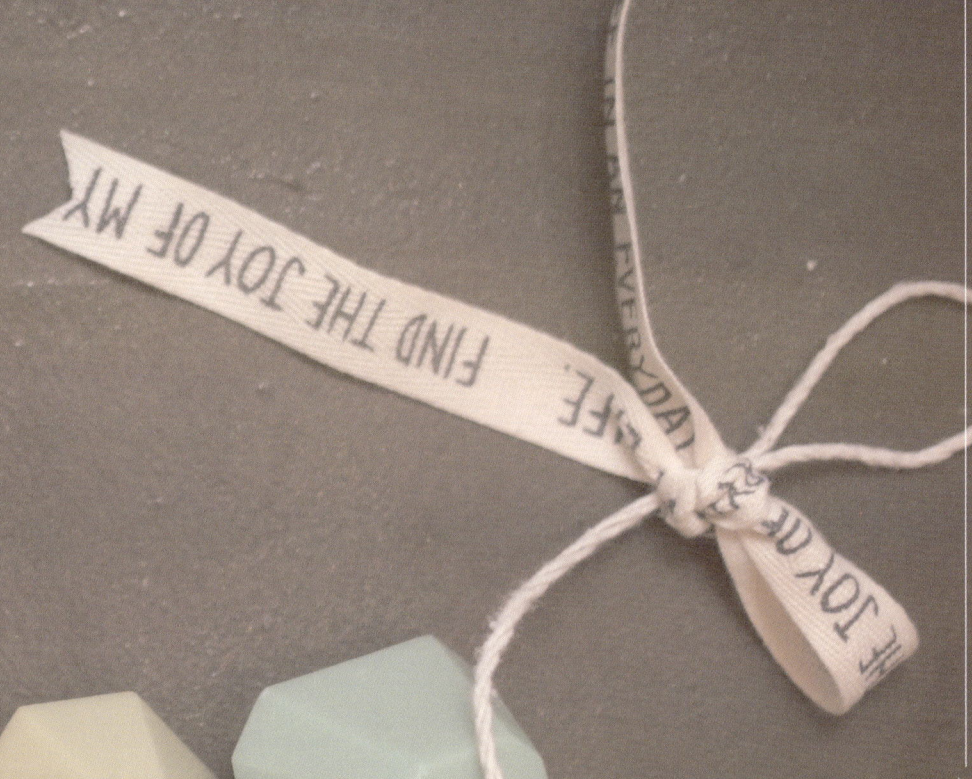

Do
you
need
anything
else
?!

LIFE IN AN EVE[R]

보기만 해도 상큼해지는 느낌이 들어요. 여리여리하고 사랑스러운 파스텔 컬러로 만들어본 왁스 모빌이에요. 왁스 모빌 역시 디자인에 결정적인 역할을 하는 것은 컬러 선택이라고 말할 수 있겠어요. 안타깝게도 소이 왁스는 원하는 컬러를 얻는 게 쉽지는 않아요. 왁스가 액체 상태일 때의 컬러와 굳고 나서의 컬러에는 확연한 차이가 있기 때문이죠. 조색하는 과정에서 왁스를 흰 종이에 떨어뜨리면서 컬러를 체크해보면 굳은 후의 컬러를 조금은 예측할 수 있을 거예요. 제가 만든 앙증맞은 사이즈의 주얼리 모양도 굿초이스지만 구 모양의 몰드로 만들어 아기방에 달아놓아도 귀엽게 어울릴 것 같아요. 가을에는 톤 다운된 컬러를 사용하고 중간중간 솔방울이나 시나몬을 엮어 장식하면 시즌 인테리어 소품이 되겠죠.

How To Make A Soy Wax Mobile?

You Need

왁스를 녹일 때 필요한
기본적인 도구(p10 TIP 참고)
몰드
산적 꽂이
필라용 소이 왁스 180g
고체 염료 - 켈리그린, 레드레드, 오렌지,
바이올렛, 로얄블루
향료(F.O) 10% 18g - 애플
면 끈
이형제

왁스 오너먼트 구멍에 끈이 잘 들어가지 않는다면 끈 끝 부분을 왁스에 살짝 담가 딱딱하게 만든 후에 넣어보세요.

왁스 모빌을 만들어 벽에 걸어 놓으면 왁스의 무른 성질 때문에 움직일 때마다 외부에 잔 스크래치가 많이 생길 수 있다는 점을 참고하세요.

step 1. 왁스를 계량하여 녹여요.
step 2. 몰드에 이형제를 뿌려 준비하세요.
step 3. 녹은 왁스에 염료를 넣고 잘 섞어주세요.
step 4. 3번에 향료를 넣고 잘 섞어주세요.
step 5. 위와 같은 방법으로 여러 가지 컬러로 만들어 주세요.
step 6. 70~85도에 왁스를 몰드에 가득 부어주세요.
step 7. 왁스가 어느 정도 굳어 표면이 뿌옇게 변하면 산적 꽂이로 구멍을 만들어 주세요.
step 8. 왁스가 완전히 굳기 전에 산적 꽂이를 먼저 빼주세요.
step 9. 왁스가 완전히 굳으면 탈형해 주세요.
step 10. 왁스 오너먼트 구멍에 면 끈을 연결해 주세요.

왁스로 모빌을 만든 적이 있었던가요~

이렇게 만들기도 간단한데
왜 진작 시도하지 않았을까요?
게다가 완성작은 너무나 상큼하고 이뻐요.

바람에 살랑살랑 거리면서
풋풋한 사과 향기도 솔솔 풍기고
컬러 배색에 따라 다른 분위기의 인테리어로
연출할 수 있어 활용도도 좋은 Wax Mobile!

Autumn Wax Tablet
가을에 더 어울리게, 어텀 왁스 타블렛

'꽃방향제'

처음 캔들을 시작할 때 자칫 촌스러울 수 있는 이름을 가지고 있었죠. 지금은 그럴싸하게 '왁스 타블렛' 이라는 이름이 붙었네요. 왁스 타블렛은 뒤에 소개된 석고 방향제와 유사하다고 볼 수 있어요. 발향은 석고 방향제보다 못하지만 왁스 및 데코 소재를 천연 소재로 사용하여 만들기 때문에 웰빙을 추구하는 분이라면 석고 방향제보다는 왁스 타블렛을 애용하는 것이 좋아요. 이 왁스 타블렛은 브랜드 '산타 마리아 노벨라'에서 먼저 시도해서 선보이기 시작했었죠. 네모나고 길쭉한 고체 왁스에 라벤더 등 드라이 허브가 마구 흩뿌려져 있어요. 기존에 빈 무늬 비누 몰드로 만들었던 것과는 달리 최근 왁스 타블렛 몰드들은 딱 이 브랜드 스타일을 겨냥해서 나왔어요. 그래서 저도 유행따라 만들어 보았어요. 하지만 꽃이 아니라 가을 분위기를 물씬 풍기는 저만의 스타일로 소재들을 데코레이션 했답니다.

How To Make A Autumn Wax Tablet?

You Need

왁스를 녹일 때 필요한
기본적인 도구(p10 TIP 참고)
필라용 소이 왁스 40g
향료(E.O) 10% 4g - 어텀롯지
(가을 분위기와 어울리는 향)
핀셋
각종 자연 소재
노끈
힛건

왁스 타블렛은 일반적으로 드라이플라워를 많이 이용해서 만들어요. 꽃을 잘 다룰 줄 모르는 저는 늘 다른 소재를 이용해서 제작하곤 했는데 가을 분위기를 물씬 풍기게 해줄 소재들을 소개했어요.

step 1. 왁스를 계량하여 녹여요.
step 2. 몰드를 깨끗이 닦아 준비하세요.
step 3. 몰드를 뒤집어서 장식할 자연 소재를 미리 시연해 보세요.
step 4. 녹은 왁스에 향료를 넣고 잘 섞어주세요.
step 5. 70~85도에 왁스를 몰드에 1cm 이하로 부어주세요.
step 6. 왁스가 어느 정도 굳어 표면이 뿌옇게 변하면 여러 소재들을 이용하여 데코해 주세요. 핀셋을 이용하면 편리해요.
step 7. 굳어가는 과정에서 왁스 표면이 고르지 않으면 힛건을 이용하여 정리해 주세요.
step 8. 왁스가 완전히 굳으면 모서리가 깨지지 않도록 탈형해 주세요.
step 9. 노끈을 구멍에 연결해 주세요.

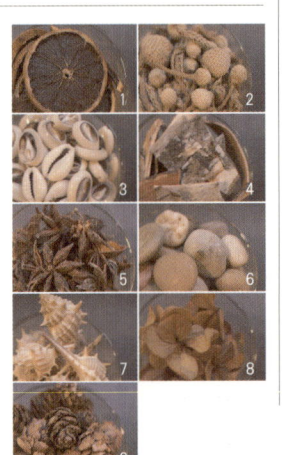

1. 드라이 오렌지
2. 드라이 부르니아
3. 조개
4. 자작나무 껍질
5. 팔각정향
6. 자갈돌
7. 뿔고둥
8. 프리저브드 수국
9. 솔방울

Macaron ornament

달콤 디저트 캔들. 두 번째 이야기
동글동글 귀여운 마카롱 오너먼트

베이커리 마카롱

마카롱 아이스크림

마카롱 비누

마카롱 캔들

마카롱 TV 프로그램…

요즘 보면 마카롱을 모티프로 한 것들이 너무너무 많아요. 마카롱은 맛도 맛이지만 '알록달록, 동글동글'한 그 모양이 사랑스러워 많은 사람들에게 사랑받고 있는 아이템이죠. 마카롱을 맛보지 않은 사람도 이 모양만 보면 깨물어주고 싶은 욕구가 마구 샘솟는 다죠. 또한 귀여운 모양과 달달한 맛 때문인지 마카롱이라는 단어는 우리에게 행복감을 주는 단어로 인식이 되어 있어요. 그래서인지 소개팅 어플 마카롱이 탄생한 것인지도 몰라요♥. 저는 사실 실제 먹는 마카롱보다 마카롱 캔들로 마카롱을 더 먼저 접했어요. 마카롱을 만들다보니 이건 정말 먹어보지 않고는 안 되겠더라고요. 이번에 저와 함께 만들 마카롱은 캔들이 아니라 소이 왁스를 이용한 발향 오너먼트랍니다. 마카롱 오너먼트는 아로마 램프 위에 올려 녹이면서 발향시킬 수도 있고, 안이 비치는 오간디 파우치 같은 것에 넣어 옷장이나 서랍 안에 두면 열 때마다 귀여운 마카롱도 보고 달콤한 향기를 느끼실 수 있을 거예요.

Rolling Rolling
M·A·C·A·R·O·N

How To Make A Lovely Macaron Ornament?

마카롱 오너먼트는 심지 없는 캔들이라고 생각하면 되세요. 마카롱 캔들을 만들고 싶다면 여기에 심지 구멍만 만들어 끼워주면 된답니다. 꼬끄 컬러(쿠키 부분)와 샌딩 컬러 조합이 중요하니 여러 가지 컬러를 매칭해본 다음 만들어 보세요.

You Need

a. 꼬끄만들기
왁스를 녹일 때 필요한
기본적인 도구(p10 TIP 참고)
마카롱 몰드
티스푼
필라용 소이 왁스 110g - 마카롱 4개
고체 염료 - 오렌지
향료(F.O) 10% 11g -바닐라 크림

b. 휘핑하기
스테인리스 볼
휘핑기
필라용 소이 왁스 50g
고체 염료-옐로우
향료(F.O) 10% 5g -바닐라 크림

마카롱 몰드를 구입할 때는 꼬끄 모양이 예쁜 것을 잘 골라 선택하세요.
step 7-1~7-3 은 휘핑하기 과정이에요.

step 1. 왁스를 계량하여 녹여요.
step 2. 마카롱 몰드를 깨끗이 닦아 준비하세요.
step 3. 녹은 왁스에 염료를 넣고 잘 섞어주세요.
step 4. 3번에 향료를 넣고 섞어주세요.
step 5. 70~85도에 왁스를 마카롱 몰드에 부어주세요.
step 6. 왁스가 완전히 굳으면 몰드에서 탈형하세요.
step 7-1. 왁스를 녹인 후 70~85도에 왁스를 스테인리스 볼에 부어요.
step 7-2. 염료와 향료를 넣고 잘 섞어주세요.
step 7-3. 왁스가 어느정도 굳어 표면에 막이 생기기 시작할 때쯤 휘핑기로 저어 크림을 만드세요.
step 8. 티스푼을 이용해 적당량의 크림 왁스를 꼬끄 왁스에 올려주세요.
step 9. 크림이 굳기 전에 맞은편 꼬끄를 맞물려 완성하세요.

Plaster Perfumer

곁에 오래두고 사용하는 방향제
개성있는, 트랜드한 빈티지 태그 석고 방향제

캔들을 처음 시작할 때부터 캔들과 함께 인기 있었던 석고 오너먼트. 석고 오너먼트는 불을 붙이지 않은 상태에서 발향 기능을 한다는 점에서 왁스 타블렛과 공통점이 있어요. 하지만 왁스 타블렛과는 다르게 향이 다 휘발되고 난 후 석고 자체에 향료를 분사시키거나 몇 방울 떨어뜨리면 다시 처음과 같은 발향력을 발휘한다는 장점이 있어요. 단점은 경도가 높지 않아 떨어뜨리면 깨지기 쉽다는 거예요. 깨지지만 않으면 반영구적으로 사용 가능한 아이템이니 조심히 사용하기를 권장해요.

또한 석고 오너먼트의 발향력은 우수하지만 넓은 공간을 그 향으로 채우기에는 부족한 면이 있어요. 그래서 차량용 방향제나 화장실, 신발장 또는 옷장 같은 협소한 공간에서 활용하는 것이 더 올바른 사용법이죠. 넓은 공간을 향으로 채우려면 석고 오너먼트보다는 캔들에 불을 붙이는 것이 훨씬 효과적이랍니다.

How To Make
A Plaster
Perfumer?

You Need

저울
교반 컵
나무막대
몰드
물 50g
석고 가루 60g
숯 가루 소량
올리브리퀴드 (가용화제)
향료 (F.O) 5% 3g - 러브스펠

처음부터 향을 많이 넣으면
코가 찡할 정도로 강할 수 있어요.
약하게 넣고, 향이 모두 휘발되면
향을 다시 뿌려 계속적으로
재사용하길 권장해요.

석고 방향제하면 흔히 새하얀 석고 가루를 많이 떠올리세요. 물론 하얀 석고 방향제가 깨끗해 보이고 예쁘지만 이렇게 빈티지스러운 태크 디자인으로 제작할 때는 컬러를 넣어 오히려 깨끗한 이미지에서 벗어나는 것이 더 멋스럽답니다. 여기서는 빈티지하게 석고 가루를 염색하는 소소한 팁도 소개했어요.

step 1. 몰드를 깨끗이 닦아 준비하세요.
step 2. 교반할 재료들의 비율 값을 구해 놓으세요. 석고 가루와 물의 교반 비율은 석고마다 다르니 꼭 미리 알아두세요.
step 3. 저울에 교반 컵을 올려 놓으세요.
step 4. 교반 컵의 무게가 달아지면 영점 버튼을 누르세요. 각기 다른 재료를 넣을 때마다 영점 버튼을 누르면서 계량하세요.
step 5. 물, 향료, 가용화제, 석고 가루 순으로 계량해서 넣어주세요.
step 6. 빈티지한 그레이 컬러를 위해 마지막으로 숯 가루를 조금 넣으세요.
step 7. 재료들이 잘 섞이도록 잘 저어 주세요.
step 8. 잘 섞인 재료를 몰드에 소량씩 부어주세요.
step 9. 석고가 완전히 굳으면 조심히 탈형해 주세요.

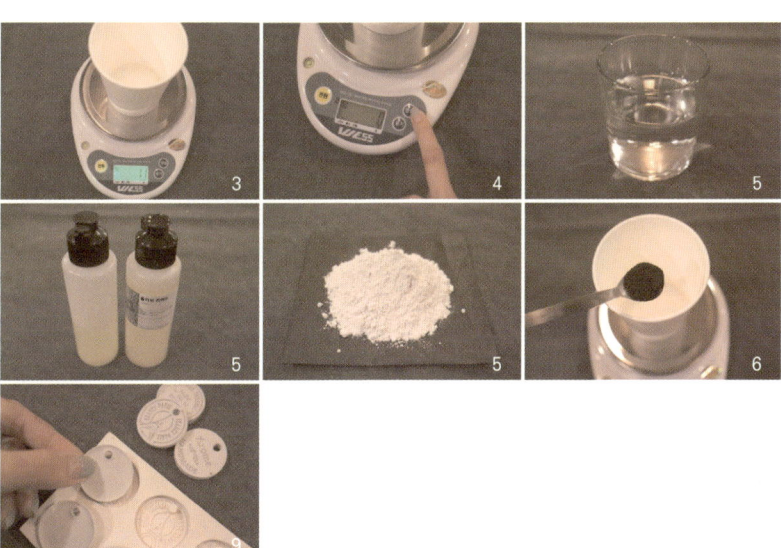

ORNAMENT

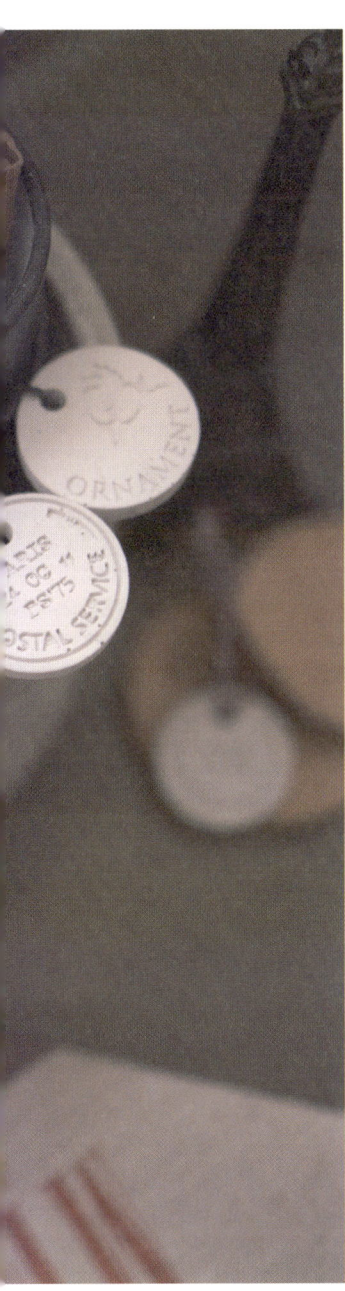

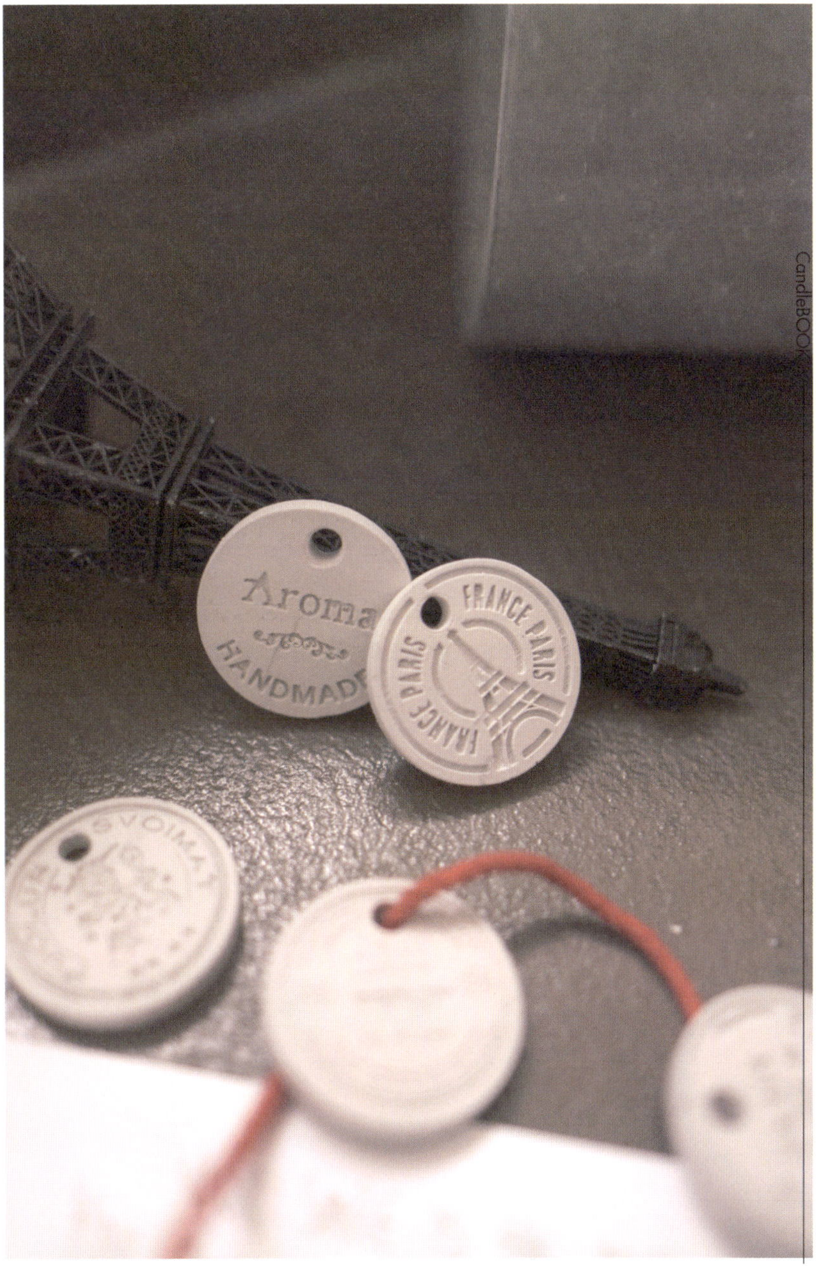
Aroma
FRANCE PARIS

Classic Aroma Diffuser

아름다운 향기를 위한
천연 클래식 아로마 디퓨저

디퓨저 DIY는 생각 외로 굉장히 단순해요. 시중에서 디퓨저 베이스라는 것을 쉽게 구입할 수 있기 때문에 굳이 직접 여러 가지 성분을 섞어 만드는 사전 단계를 거치지 않아도 되죠. 하지만 베이스로 만들어져 나오는 것은 작업 과정을 간소화시킨 장점이 있지만 완성품의 발향 정도나 베이스의 질에 따라 달라지는 향취 때문에 기피하는 사람들도 있어요. 그리고 제작 과정이 단순하다 보니 향에 더욱 욕심이 나게 되는데, 자신이 원하는 향을 직접 블렌딩해서 제작한다면 더욱 좋겠지만 현실적으로 '조향'이라는 것은 그리 쉽지가 않죠. 저는 디퓨저의 가장 큰 부분을 차지하는 것은 향이라고 생각해요. 캔들은 향뿐만 아니라 캔들 자체로도 습기 제거와 잡냄새 제거 등의 다양한 기능을 하죠. 하지만 디퓨저는 발향의 기능 말고는 별다른 것이 없기에 향에서 모든 것이 좌우 된다고 생각하면 된답니다. 다른 예로 만약 아로마 에센셜 오일을 사용한다면 오일에 따라 약리 작용 및 기능을 하는 것이 있으므로 기능을 잘 파악하여 사용하면 좋은 효과를 기대해 볼 수도 있을 거예요.

How To Make A Classic Aroma Diffuser for Bathroom ?

이번에 만드는 디퓨저는 욕실의 깨끗한 향기를 위해 아로마 오일로 블랜딩을 해보았어요. 탈취 효과가 뛰어난 파인 오일과 살균 작용을 하는 레몬 오일을 적절하게 섞어 욕실에 적합한 디퓨저예요.

step 1. 도구와 디퓨저 용기를 소독하여 준비하세요.
step 2. 저울에 비커를 올린 후 영점 버튼을 누르세요.
step 3. 디퓨저 베이스를 계량하세요.
step 4. 레몬 향료를 계량하세요.
step 5. 파인 향료를 계량하세요.
step 6. 유리 막대로 세 가지 재료가 잘 섞이도록 저어주세요.
step 7. 디퓨저 용액을 용기에 담고 뚜껑을 잘 닫은 후 2주간 숙성하세요.
step 8. 2주 후 발향 스틱을 꽂아 사용하세요.

You Need

디퓨저 용기
유리 막대
비커
저울
디퓨저 발향 스틱
디퓨저 베이스 70g
향료(E.O) - 레몬 20g, 파인 10g

디퓨저 베이스를 대체할 수 있는 재료 –
무수에탄올과 정제수

향기가 어디까지 갈까요?

그리 멀리 가지는 못해요.

아담한 공간에 더 어울리는 디퓨저.

우리집 욕실에서 향기가 나네요.

디퓨저 글라스에 신경을 쓰니

공간의 분위기 또한 달라지네요.

The Candlee Design LAB's
handmade freshner Aug 07 20

ROOM SPRAY
air freshner for your clean

Pine 4%
Lemon 5%
Peppermint 1%

120ml/4oz

Powdery Room Spray
내 공간의 향기를 책임지는
파우더리 룸 스프레이

ROOM SPRAY
Baby Powder
&
Lavender
120ml/4oz

The Candlee Design LAB's
ROOM SPRAY
air freshner for your clean room
Baby Powder
&
Lavender
120ml/4oz
The Candlee Design LAB's
ROOM SPRAY
Pine 4%
Lemon 5%
Peppermint 1%
120ml/4oz

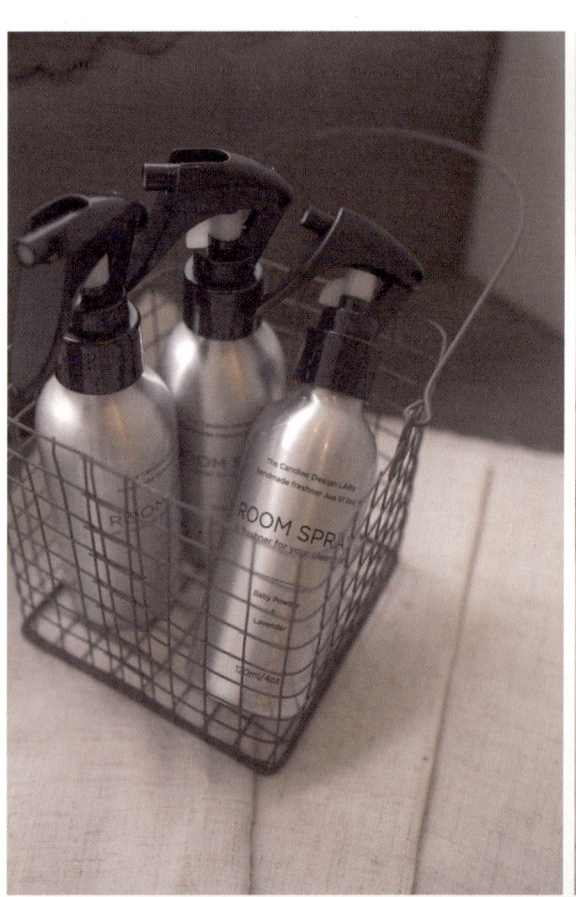

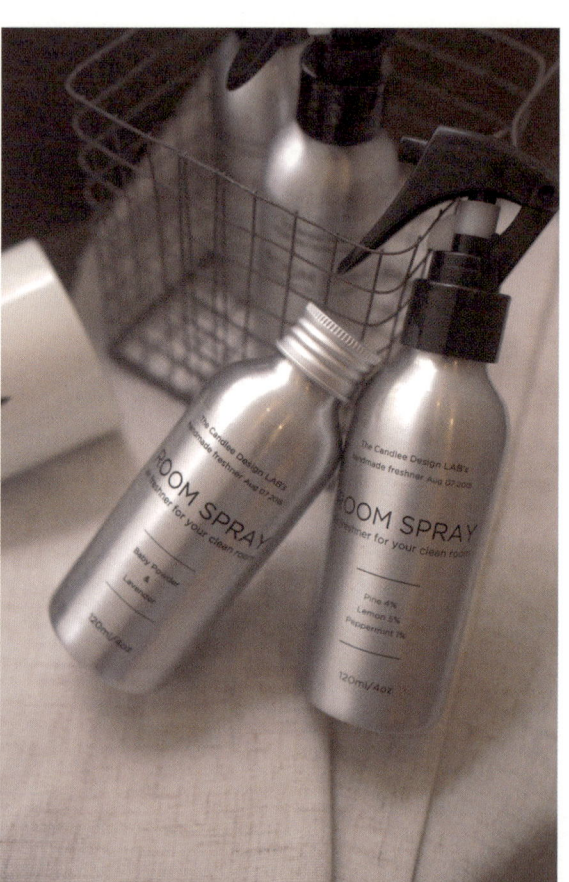

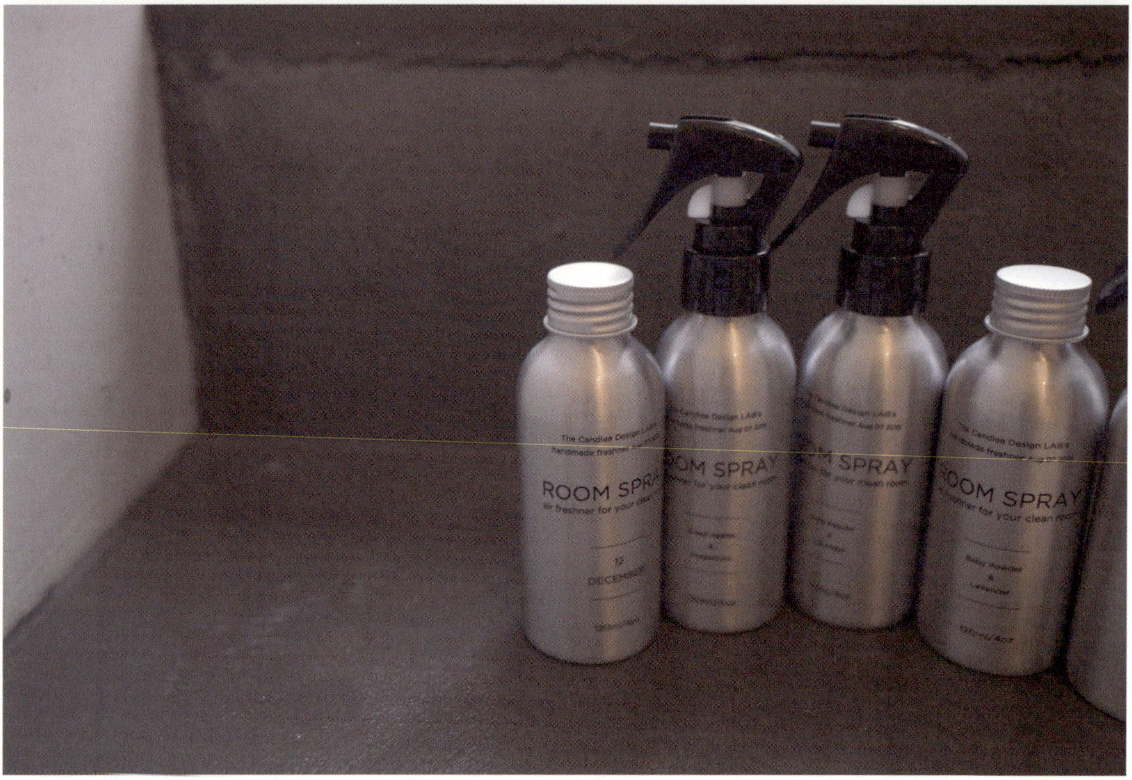
The Candlee Design LAB's
ROOM SPRAY
12
DECEMBER
ROOM SPRAY
ROOM SPRAY
The Candlee Design LAB's
ROOM SPRAY
Baby Powder
&
Lavender
120ml/4oz

룸 스프레이는 섬유 탈취제처럼 냄새를 빠르게 잡아주는 역할을 하는 방향 제품이에요. 룸 스프레이는 분사하는 즉시 강한 발향을 하기 때문에 캔들이나 디퓨저처럼 오래두고 은은하게 향을 퍼트리는 용도보다는 급하게 손님을 맞이해야 한다거나 음식점에 다녀온 뒤 옷에 배인 냄새를 제거하는 용도로 사용하기에 적합해요. 빠르고 신속하게 냄새를 제거할 수는 있지만 대신 향 지속력 및 보류성이 좋지는 않아요. 또한 룸 스프레이를 패브릭에 사용할 경우에는 컬러가 들어간 오일은 가급적 피해주는 것이 좋아요. 그 오일 컬러가 패브릭에 착색될 수 있기 때문이에요. 룸 스프레이 제작 과정은 디퓨저 만큼이나 단순해서 한 번에 많은 양을 만들 수 있는 것도 매력적이죠. 실용성도 있기 때문에 한 번에 많이 만들어서 소분하면 선물용으로도 좋아요.

How To Make A Powdery Room Spray for My Space ?

You Need

스프레이 용기
유리 막대
비커
저울
깔때기
룸 스프레이 베이스 84g
향료(F.O) - 베이비 파우더 36g

계절별 추천 오일
봄-플로럴 또는 그린 계열의 향료
ex. 피오니, 그린티
여름-시원하고 가벼운 느낌의 향료
ex. 레몬, 아쿠아 키스
가을-향신료 계열의 향료
ex. 애플 시나몬, 어텀 롯지, 진저
겨울-따뜻하고 무거운 느낌의 향료
ex. 이집트 앰버

룸 스프레이는 공기 중에 직접적으로 분사하거나 섬유에 사용될 수도 있기 때문에 가급적 강한 향의 오일을 사용하는 것은 피해주는 것이 좋아요.

step 1. 도구와 룸 스프레이 용기를 소독하여 준비하세요.
step 2. 저울에 비커를 올린 후 영점 버튼을 누르세요.
step 3. 룸 스프레이 베이스를 계량하세요.
step 4. 향료를 계량하세요.
step 5. 유리 막대로 두 가지 재료가 잘 섞이도록 저어주세요.
step 6. 룸 스프레이 용기에 깔때기를 꽂고 블랜딩한 용액을 담아주세요.
step 7. 트리거를 용기 길이에 맞춰 잘라주세요.
step 8. 용기에 어울리는 레이블을 붙여 완성하세요.